Empfehlungen

„Ich habe allen meinen Gesangsstudenten empfohlen dein Buch zu kaufen. Ich unterrichte selbst viele der behandelten Themen, aber dein Buch enthält weitere Konzepte, die meinen Studenten durch einfaches Lesen zu weiteren Vorteilen verhelfen können. Im Besonderen mag ich den Countdown und die Arbeitsblätter. Vielen Dank für das wundervolle Buch."
Shirley Verrett, Gesangsprofessorin und Sopran: u.a. Metropolitan Opera, La Scala, Covent Garden, Wiener Staatsoper, Pariser Oper

„Ich war von *Erfolgreich vorsingen!* so beeindruckt, dass ich gleich einige Exemplare an meine Studenten verschenkte, die an Wettbewerben teilnehmen sollten. Ihre Auftritte waren danach einfach viel besser. Dieses Buch ist ein absolutes MUSS für alle jungen Sänger."
Vinson Cole, Gesangsprofessor und Tenor: Metropolitan Opera, Pariser Oper, Wien, La Scala, San Francisco Opera, Seattle Opera, Chicago Lyric Opera

„Janet, ich habe das Buch gelesen! Du hast den Nagel auf den Kopf getroffen!!! Du hast den Kern dessen getroffen, was für Vorsingsituationen wirklich wichtig ist und wonach jeder Sänger sucht: Einfach reingehen, die Lage sondieren und mit der richtigen Dosis Konzert-Atmosphäre vorsingen."
Christine Bullin, ehemalige Leiterin des Ausbildungs-Zentrums der Pariser Oper und des San Francisco Opera Center

„Es gibt nur wenige Veröffentlichungen im Bereich der Gesangspädagogik, die sich so detailliert mit Vorsing-Techniken beschäftigen wie *Erfolgreich vorsingen!*. Das Buch enthält Konzepte, die nicht nur für die Ausbildung eines jeden jungen Sängers große Bedeutung haben, sondern auch für den erfahrenen Sänger hilfreich sind."
David L. Jones, international tätiger Gesangspädagoge: New York, San Francisco, Paris, London, Berlin, Genf, Amsterdam, Rejkjavik

„Ich gehöre zu den wenigen Sängern, die gerne an Vorsingen teilnehmen. Als ich *Erfolgreich vorsingen!* gelesen hatte, war ich völlig überrascht, hier brilliant und in knappen Worten zu lesen, was ich all die Jahre mit großer Freude selbst genutzt hatte! Wenn ich das nächste Mal nach meinem Geheimnis gefragt werde, sage ich ganz lässig: ‚Lies das neue Buch über Vorsingen von Janet Williams.'."
Steven Cole, Tenor: MET, Salzburger Festspiele, San Francisco und Chicago Lyric Opera, Pariser Oper, Licieu Barcelona

„Dein Buch ist unglaublich! Als Gesanglehrer, Agent und international tätiger Opernsänger, der die im Buch beschriebenen Erfahrungen am eigenen Leibe gemacht hat, empfehle ich jedem, der karriere machen will, sich dieses Buch sofort zu besorgen!"
David Lee Brewer, Agent: Brewer International, Tenor: Teatro Real, Opera Monte Carlo, Oper Leipzig, Deutsches Nationaltheater Weimar, Houston Grand Opera

„Deine Ideen haben mich auf den Boden der Tatsachen zurückgeholt. Meine Karriere in Europa floriert, aber in den Vereinigten Staaten hatte ich 10 Jahre nicht mehr gesungen. Dem Vorsingen hatte ich bereits abgeschworen, da ich es als nutzlos und ungesund für meine Psyche betrachtete! Ich musste feststellen, dass ich damit falsch lag und weder an der MET noch irgendwo sonst in den USA jemals ohne Vorsingen engagiert werden würde."
Gregory Reinhart, Bass: MET, New York City Opera, San Francisco Opera, Pariser Oper, La Fenice, Aix-en-Provence Festival

„*Erfolgreich vorsingen!*" ist phantastisch! Sympathisch und humorvoll behandelt es die gesamte Skala der Vorsing-Erfahrungen. Die Übungen machen Spaß!"
Margitta Rosales, Sopran: Teatro Verdi Padova, Teatro Guimera di Santa Cruz, Prinz Regententheater München

„„„Dein Buch hat mir gezeigt, was mir noch fehlte. Ich habe mich selbst verpflichtet, die Visualisierungstechniken täglich zu üben und kann bereits jetzt erste Erfolge sehen. Letzte Woche hatte ich einen Durchbruch, kurz bevor ich eine neue Demo produziert habe."
Daniel Gundlach, Counter-Tenor: Pariser Oper, Chicago Lyric Opera, and New York City Opera

„Obwohl ich gerade erfolgreich vorgesungen habe und es bis zu meiner ersten professionellen Opernrolle keine 30 Tage mehr sind, habe ich aus diesem Buch so viele Anregungen bekommen, dass ich inspiriert in die Probenarbeit einsteigen werde.
Johanni van Oostrum, Mezzo-Sopran

ERFOLGREICH VORSINGEN!

Erfolgreich vorsingen!
Der 30-Tage Countdown zum Abheben

von

Janet Williams

Lightning Source 2008

Copyright © Janet Williams 2008

Deutsche Übersetzung: Christian Halseband
Übersetzung der Arbeitsblätter: Friederike Harmsen

Alle Rechte vorbehalten.
Das Werk einschließlich aller seiner Teile ist urheberrechtlich geschützt. Jede Verwendung außerhalb der engen Grenzen des Urheberrechtsgesetzes ist ohne Zustimmung der Autorin unzulässig und strafbar. Dies gilt insbesondere für Vervielfältigungen, Übersetzungen, Mikroverfilmungen und die Einspeicherung und Verarbeitung in elektronischen Systemen.

Die englische Originalausgabe erschien 2006 unter dem Titel „Nail Your Next Audition – The Ultimate 30-Day Guide for Singers".

Umschlaggestaltung: Zoltan Labas

ISBN Nummer: 9 780978 752118

Erfolgreich vorsingen!
Der 30-Tage Countdown zum Abheben

Inhaltsangabe

Vorwort	i
Danksagungen	v
Anmerkungen des Übersetzers	vi
Einleitung	**1**
Geschichten von der Sänger-Front	1
Schlachtpläne	**3**
Gib den Zuhörern, was sie wollen: L-O-V-E	4
Plane deine Zeit/T-I-M-E	**6**
Trete ins Rampenlicht	**9**
Finde deine innere Bühnen-Erfahrung	**10**
Ebne den Weg auf deine innere Bühne	**11**
Ich! Ich! - Ich! Ich! - Ich! Ich! Ich!	15
Plane die Schritte ins Rampenlicht	**17**
Behalte das Ziel im Auge	**19**
Auf die Plätze, Fertig . . .	**20**
Auf wen kannst du dich verlassen?	20
Wem möchtest du jetzt etwas vorsingen?	21
Die richtige Wahl	23
. . . LOS! - DER 30-TAGE COUNTDOWN	**26**
Tag 30	**26**
Betrete deine innere Bühne	27
Meine beste Aufführung mit L-O-V-E	30

Erfolgreich vorsingen!

Was ich bereits kann	31
Einsingübungen für alle Fälle	33
Die erste Aufnahme deiner Arien	35

Tag 29 bis Tag 25 — 36
T-I-M-E Elemente einer optimalen Aufführung — 36
Einschätzung der Arien — 37
Ziele für die Arien nach 30 Tagen — 40
Arie-Stichworte — 42
Erschaffen einer Auftrittsumgebung — 42
Bewusstes Üben — 43

Tag 24 und Tag 23 — 46
Fokuswechsel — 46

Tag 22: Probe-Vorsingen Nr. 1 — 48
Auswertung des ersten Probe-Vorsingens — 49

Tag 21 — 51
Ein freier Tag

Tag 20 — 51
Innere Einstellung und Emotion finden — 52

Tag 19 bis Tag 17 — 53
Training des Körpergedächtnisses — 54
Singe die Arie im Aufführungsmodus — 55

Tag 16 — 56
Affirmationen zu den Arien — 56

Tag 15: Probe-Vorsingen Nr. 2 — 57
Auswertung des zweiten Probe-Vorsingens — 59

Tag 14 bis Tag 10 — 59
Stelle dir deinen Auftritt bildlich vor — 59
Adrenalinspiegel — 62
Mit Störungen umgehen — 63
Erschaffe einen geschützten Raum — 66

Erfolgreich vorsingen!

"Die Magische Schachtel" — 67

Tag 9 — 67
Übungen mit der Vorstellungskraft — 67
Beschreibe deinen Ideal-Auftritt — 68

Tag 8: Probe-Vorsingen Nr. 3 mit Störungen — 69
Auswertung des dritten Probe-Vorsingens — 71
Was man bis zum Tag des Vorsingens tun
    und lieber lassen sollte — 71

Tag 7 — 75
Meine Absichtserklärung für das Vorsingen — 76
Notizen zur Tagesroutine — 76
Was brauche ich für das Vorsingen? — 76
Notfallplan für unvorhergesehene Ereignisse — 76
Kleiner Kleidungsknigge für Vorsingen — 77
Die Noten des Begleiters — 77

Tag 6 bis Tag 2 — 77
Vorstellungs-Übung — 77
Einschätzung des erreichten Niveaus — 79
Endgültige Affirmationen — 79
Übungen für einen anderen Raum — 80
Endgültige Stichworte für die Arien — 80
Mentale Durchläufe — 81

Tag 1: Singe erfolgreich vor! — 82
Bleibe bei deinem Plan! — 83
Trete ins Rampenlicht! — 85

Nach dem Vorsingen — 86
Auswertung des Vorsingens — 86

Nachwort — 87

Arbeitsblätter — 88
Absicht erforschen — 89
Meine beabsichtigten Ergebnisse — 91
Befreie dich von deinen Ängsten — 93

Erfolgreich vorsingen!

Absichtserklärung	99
Meine bisherige persönliche Bestleistung	100
Auftrittsaffirmationen	102
Einsingübungen für alle Fälle	103
Auswertung der Ersten Aufnahme	104
Einschätzung der Arien	106
Ziele für die Arien nach 30 Tagen	122
Arien-Stichworte	140
Erschaffen der Auftrittsumgebung und Analyse der Bühnenfigur	148
Schlüsselbegriffe für die Auftrittsumgebung	156
Auswertung des 1. Probe-Vorsingens	158
Tabelle Einstellungen und Emotionen	163
Arbeitsblatt Einstellungen und Emotionen	165
Training des Körpergedächtnisses	173
Affirmationen zu den Arien	176
Auswertung des 2. Probe-Vorsingens	178
Adrenalinspiegel	180
Geplante Störungen	182
Erschaffe dir einen geschützten Raum	183
„Die Magische Schachtel"	184
Das Drehbuch zum idealen Auftritt	185
Auswertung des 3. Probe-Vorsingens	186
Absichtserklärung für das Vorsingen	191
Notizen zur Tagesroutine	192
Was brauche ich für das Vorsingen?	198
Notfallplan für Unvorhergesehenes	199
Kleiner Kleidungsknigge für Vorsingen	200
Einschätzung des erreichten Niveaus	204
Endgültige Affirmationen	206
Endgültige Stichworte für die Arien	207
Auswertung des Vorsingens	208

Über die Autorin

Vorwort

Das Ziel eines jeden aufstrebenden Sängers ist, sich auf der Bühne zu produzieren. Die ganze Ausbildung und Vorbereitung, der wir uns unterziehen, dient nur diesem einen Zweck. Wir möchten die Chance bekommen, unser Talent zu zeigen, vor einem Publikum, das uns hören möchte. Leider schaffen viele Sänger den einen Schritt nicht, der sie in das strahlende Licht der Bühne bringt: das Vorsingen. Es klingt paradox, aber Sänger empfinden das Auftreten vor anderen, das sie doch so sehr lieben, im Rahmen eines Vorsingens als etwas vollkommen Anderes. Alles wäre so viel leichter, wenn wir es schafften, auch ein Vorsingen als eine Aufführung zu sehen; als nichts anderes als eine weitere Möglichkeit, unser Können zu präsentieren. Aber die Realität des Vorsingens ist voller Störfaktoren, die nur allzu oft den „Flow" unterbrechen, den ein Sänger braucht, um gut zu singen. Die meisten dieser Faktoren sind psychisch begründet und treten dann auf, wenn ein Sänger unter Druck steht, sein Bestes geben zu müssen. Mit anderen Worten: wenn der Einsatz hoch ist.

Ich machte meine eigenen Erfahrungen mit diesem Phänomen erst später in meiner Karriere, lange nach meiner Zeit des „Vorsingens". Auf fundamentale Weise spiegelten sich hier die Erfahrungen der Teilnehmer meiner Operndarstellungsseminare wider.

Nach einem bilderbuchmäßigen Start und auf dem besten Wege, mein Ziel zu erreichen, in den weltbesten Opernhäusern, mit den weltbesten Dirigenten und Orchestern zu singen, sah ich mich plötzlich mit einer beunruhigenden Auftrittsangst konfrontiert. Sie kam so plötzlich über mich, dass ich kaum bemerkte, worum es sich handelte. Ich war damals ganz oben und sang an den prestigeträchtigsten Opern- und Konzerthäusern der Welt, z.B. in den Vereinigten Staaten von Amerika, Großbritannien, Deutschland, Frankreich, Italien, Spanien, den Niederlanden, Belgien, Israel und Japan. Ich machte Schallplattenaufnahmen mit den wundervollsten Musikern der Welt und hatte begeisterte Kritiken. Man versprach mir eine großartige Zukunft. Alle meine Träume erfüllten sich, bis das Undenkbare geschah.

Zuerst hielt ich das Beben in meiner Stimme für ein rein technisches Problem. Ich suchte überall nach Antworten auf die Anzeichen, die in mir auftauchten ganz wie der berühmte „Warning-Warning-Ausruf" des Roboters aus „Lost in Space". Seltsamerweise verschwanden diese Anzeichen noch während der Übungseinheiten mit meinen Gesanglehrern und Coaches, aber in unpassenden Momenten traten sie wieder in Erscheinung: während der wichtigsten Vorsingen oder, sogar noch schlimmer, auf der Bühne vor Tausenden von Zuhörern, unter ihnen auch viele Opern-Enthusiasten. Mich packte die Angst, und ich konnte mich nicht länger auf die Musik konzentrieren, die ich so gerne vermitteln wollte.

Ich fing mich und suchte nach Hilfe gegen die Angst, die meine stimmlichen Möglichkeiten lähmte. Schließlich nahte für mich die Rettung in der Person des Gesangspädagogen David L. Jones sowie in Alma Thomas, Don Greene und Barry Green, die ihre Karrieren als Leistungspsychologen für Weltklasse-Athleten begonnen hatten.

Viele Konzepte dieser Leistungstrainer waren mir nicht fremd oder neu. Bereits im frühen Stadium meiner

Ausbildung wurde ich durch meine Gesanglehrerin und Mentorin an der Indiana University Frau Prof. Camilla Williams in die Bedeutung des positiven Denkens und inneren Dialogs eingeführt. Camilla hat mich häufig darauf hingewiesen, dass ich, obgleich eine ihrer begabtesten Schülerinnen, doch nicht die selbstbewussteste war.

Immer wieder ließ sie ihre Lieblingsmotivationssätze in meinen Gesangunterricht einfließen und versuchte mein Selbstvertrauen zu stärken, und mir zu helfen, bei der Sache zu bleiben. „Verändere deine Gedanken und du veränderst deine Welt!" war ihr Lieblingssatz! „Du musst dich selbst auf der Bühne sehen wie du wunderschön singst. Du musst den Applaus *hören* und die guten Kritiken vor dir sehen!" Damals war mir noch nicht bewusst, dass diese Prinzipien später während meiner Krise die Rettung sein würden.

Die Vorgehensweise, um optimale Leistungen zu erzielen, gründet sich auf mentaler Konditionierung oder dem, was ich heute die Ausbildung des „mentalen Muskels" (mentale Führung) nenne. Die mentale Konditionierung bildet die Basis, um unter allen möglichen Arten von Stress Höchstleistungen bringen zu können. Auch auf die Vorsingsituation passt diese Beschreibung.

In diesem Buch **„*Erfolgreich vorsingen!, Der 30-Tage Countdown zum Abheben*"** findest du Methoden der besten Leistungspsychologen, angepasst an die Bedürfnisse von Sängern; reduziert auf das Wesentliche, das sich für mich und die vielen Studierenden meines Gesangstudios, meiner Seminare, Workshops und Meisterkurse als besonders effektiv erwiesen hat. Alle Sänger, die diese Techniken benutzen, haben ihre Vorsing- und Auftrittsqualitäten in bemerkenswerter Weise verbessern können. Den Beweis kann man an den Ergebnissen sehen. Die Sänger haben Verträge und Auftrittsmöglichkeiten bekommen, nachdem sie die Konzepte in ihr tägliches Übungsprogramm übernommen hatten. Der **30-Tage Countdown** gibt dir Konzepte und Übungen an die Hand, aus denen du eine tägliche Routine des Übens entwickeln kannst, welche die gesangstechnischen und interpretatorischen Aspekte abdeckt, auf die sich Sänger üblicherweise zur Vorbereitung eines Auftritts konzentrieren - zusätzlich zu dem häufig vernachlässigten Mentaltraining.

Meine Hoffnung ist, dass *„Erfolgreich vorsingen! - Der 30-Tage Countdown zum Abheben"* deine Grundlage wird, um Bestleistungen nicht nur in Vorsingsituationen, sondern im gesamten Sängerleben bringen zu können. Nutze diese Lektionen, die ich selbst gelernt habe und die Hinweise, die mir gegeben wurden, um abzuheben und dich zu den höchsten Höhen emporzuschwingen!

Danksagungen

Es gibt viele Menschen in meinem Leben, die mich beim Schreiben dieses Buches inspiriert haben. Vielen Dank an die gefeierte Sopranistin Prof. Camilla Williams für ihren Unterricht, dafür dass sie mich begleitet, gehegt und motiviert und während meiner ganzen Sängerkarriere an mich geglaubt hat. Vielen Dank auch an den Meistergesangspädagogen David L. Jones dafür, dass er mich durch stimmliche Herausforderungen geführt und mich zum Unterrichten und Schreiben ermutigt hat, mir die dafür notwendigen Hilfsmittel an die Hand gegeben hat.
Dank gebührt auch meiner Lektorin Elaine Bernstein für ihren genauen Blick und ihr Organisationstalent. Besonderen Dank an meine „Ghost-Lektoren" Alicia Nails für ihren besonderen Umgang mit Worten und an Brenda Williams, dass sie gesehen hat, was keine anderen Augen sehen konnten. Ganz speziellen Dank an Christian Halseband für die deutsche Übersetzung und Friederike Harmsen für die Übersetzung der Arbeitsblätter. Ich danke auch April Hailer und Fred Berndt für die deutsche Titelkreation. Dank an meine Studierenden, die mich mit ihrer Hingabe, ihrem Enthusiasmus und Mut immer weiter inspirieren. Danke auch an die lange Liste von Coaches, Regisseuren und Dirigenten, mit denen ich über die Jahre zusammengearbeitet habe und die dabei soviel beigesteuert haben zu meiner Entwicklung und meinem Erfolg als Sängerin und Lehrerin. Ein besonderer Dank geht an die bahnbrechende Arbeit der Leistungspsychologen und Hochleistungs-Coaches wie Barry Green, W. Timothy Gallway, Prof. Don Greene und Dr. Alma Thomas. Schließlich danke ich meinem Ehemann und meiner Familie, ohne deren Unterstützung ich meine Träume niemals hätte verwirklichen können.
Janet Williams

Anmerkungen des Übersetzers

Im vorliegenden Buch werden einige Abkürzungen verwendet, die in ihrer zweifachen Bedeutung so nicht im Deutschen wiederzugeben sind, und bei deren Übertragung ins Deutsche die Bildhaftigkeit oder Griffigkeit gelitten hätte. So habe ich mich entschieden, die englischen Originalbegriffe stehen zu lassen. Dieses betrifft vor allen Dingen die Begriffe T-I-M-E (engl. Zeit) und L-O-V-E (engl. Liebe), deren Bedeutung den meisten deutschsprachigen Lesern ohnehin bekannt sein dürfte.

Um die Lesbarkeit im Deutschen zu erhöhen, verwende ich jeweils in den weitaus meisten Fällen die männliche Form, wobei die weibliche natürlich ebenso gemeint ist.

Die Übersetzung der Arbeitsblätter besorgte die Berliner Sopranistin und Gesangspädagogin Friederike Harmsen.

Mein besonderer Dank gilt meinem Vater Friedrich-Wilhelm Halseband für die große Hilfe bei der Überarbeitung und Korrektur.

Hamburg, im März 2008

Christian Halseband – Gesangspädagoge
www.gesanglehrer.de

Einleitung

„Geschichten von der Sänger-Front"

Du gehst zu Vorsingen, bekommst aber keine Rollenengagements und merkst, dass du in Vorsing- oder Wettbewerbssituationen nicht in Bestform singst. Was du brauchst sind wahrscheinlich nur die richtigen *Werkzeuge,* um deine Vorsingfähigkeiten zu verbessern.

Hilfe naht! Vor diesem Dilemma stehst du nicht allein. Selbst eine der heutzutage meistgefragten Sopranistinnen erzählt, am Anfang ihrer Karriere häufig zu wenige Engagements gehabt zu haben, um ihren Lebensunterhalt zu verdienen! Renée Fleming schreibt darüber freimütig in ihrer Autobiographie (*Die Biografie meiner Stimme*, Berlin, 2005, S. 102).

> „Bei allem Fortschritt, den ich im Lauf der Jahre mit der Stimme und den Fremdsprachen, mit Stil und musikalischem Können machte, entwickelte ich mich doch kaum weiter, was mein Geschick beim Vorsingen betraf. Auf der Bühne hatte ich keine Probleme, wenn ich erst einmal die Rolle erhalten hatte und mich darauf konzentrieren konnte, an den Details zu arbeiten, aber beim Vorsingen fühlte ich mich immer unsicher."

Wer hätte gedacht, dass diese gefeierte Sopranistin, dieser internationale Superstar so große Hürden überwinden musste, um schließlich weltweit den Ruf zu erlangen, den sie nun genießt. Und sie ist kein Einzelfall.

Bestimmt hast du schon von vielen Sängern Vorsing-

oder Auftritts-Horror-Geschichten gehört.
Oder du hast selbst schon einige erlebt und konntest anderen davon berichten. Es gibt unzählige Gründe dafür, warum ein Vorsingen scheitert. Hier nur einige davon:

Der „verdammte Raum" – Vorsingräume mit niedrigen Decken, dickem Teppich, Vorhängen oder Polstermöbeln, mit wenig oder gar keinem Hall: Sie absorbieren soviel Klang, dass es sich anfühlt als sängest du in ein Kissen.

Das „Wartespiel" – Die große „Abkühlung" wenn du nach dem Aufwärmen eine Stunde länger warten musst als vereinbart.

„Menschliche Begrenztheit" – Du musst endlos lange warten, bis du dich eher als Geisel denn als Sänger fühlst; nicht mehr eingesungen stirbst du vor Hunger oder Durst, kein Übungsraum, Wasser oder Imbiss in Sicht.

„Hauptbahnhof" – Deine Kollegen kommen und gehen, reden ständig auf dich ein, und du kannst dich nicht mehr konzentrieren.

„Psst… da Hinten!" – Deine Zuhörer sind offenbar so sehr in ihre Unterhaltung (oder belegte Brote) vertieft, dass sie dir unmöglich zuhören können. Oder diskutieren sie doch über das hohe B, das du gerade gesungen hast?

Meine Lieblingsvariante erlebte ich, als ich Claudio Abbado vor sang, der damals Chefdirigent der Berliner Philharmoniker war: Ich kam eine halbe Stunde vor der vereinbarten Zeit an und wurde noch in Mantel, Handschuhen und Ohrenwärmern direkt auf die Bühne der Berliner Philharmonie geschoben, weil der Sänger vor mir nicht erschienen war. Weder Wartespiel, noch Abkühlung oder Ähnliches, aber irgendwie waren auch dies nicht ganz die idealen Voraussetzungen für ein so wichtiges Vorsingen!

Du weißt, wovon ich rede und warum ich das die „Sängerfront" nenne. Auch Du bist da draußen, kämpfst um dein Leben als Sänger, improvisierst unter schlechten Bedingungen, die du auch häufig nicht beeinflussen kannst.

Oder etwa nicht?

Schlachtpläne

Wusstest du, dass das Wichtigste in jeder Schlacht der **Plan** ist?

Vielleicht denkst Du jetzt: „Na klar! Das weiß doch jeder, dass man planen muss!" Die großen Unterschiede zwischen den *Planungstechniken* der Erfolgreichen und der weniger Erfolgreichen haben mich sehr überrascht.

> 1971 hielt Maria Callas eine Reihe von gefeierten Meisterkursen an der Juilliard School. Dort soll sie gesagt haben: *„Um eine Karriere als Sänger zu machen braucht es bloß drei Dinge:* **Konzentration, Technik und Mut."**

Damit hat sie den Nagel auf den Kopf getroffen. Doch wie schafft man es, diese Dinge in dem Augenblick abzurufen, in dem man sie benötigt?

Auch hier lautet die Antwort: durch einen Plan. Du brauchst einen gut durchdachten und verinnerlichten effektiven Einsatzplan.

Was du gerade liest ist eine schrittweise Tag-für-Tag-Anleitung, die dir hilft, alle Fähigkeiten zu entwickeln und zu verinnerlichen, die du für ein erfolgreiches Vorsingen brauchst; letztlich brauchst du diese Fähigkeiten für jede Art von Auftritt.

Wie spannend muss es sein, einen Plan zu entwerfen, der dich abholt, wo du gerade stehst und dir hilft, in nur 30 Tagen zu einem kampferprobten und starken Darsteller zu werden!

Mit *Erfolgreich Vorsingen!* wirst du genau das tun!

Gib den Zuhörern, was sie wollen: L-O-V-E

> „In Wirklichkeit ist ein Vorsingen eine Aufführung." (Joan Dornemann: *Complete Preparation, A Guide to Auditioning for Opera, 1992.*)

Der Erfolg eines Vorsingens besteht darin, den Zuhörern genau das zu geben, was sie sehen und hören wollen. Aber was wollen sie? Die Antwort mag überraschen: Sie wollen das gleiche, wie zahlendes Publikum auch.

Der Zuhörer möchte die Aufführung genießen!

Die gute Nachricht: Eine gute Aufführung braucht nicht *perfekt* **zu sein. Es braucht: Likeability (Sympathie) + Originality (Originalität) + Vocal Versatility (stimmliche Flexibilität) + Evenness (Zuverlässigkeit).**

In Kürze: **All you need is L-O-V-E** („Du brauchst nichts als Liebe!" Hier nimmt Janet Williams Bezug auf den Song *All You Need Is Love* der engl. Popgruppe „The Beatles", Anm. d. Übers..)

- **Likeability (Sympathie):** Ist die Fähigkeit in der Kommunikation mit dem Publikum Ehrlichkeit und Freude zu vermitteln, deine Hingabe, dein Engagement für die Musik, die du singst. *Sie ist das ansteckende Gefühl, eins zu sein mit der Musik und dem Augenblick; damit infizierst du dein Publikum.* „Likeability" ist die Fähigkeit den Zuhörern zu vermitteln, was die Musik dir bedeutet und wer *du* bist.

- **Originality (Originalität):** Ist das nicht leicht zu definierende „gewisse Etwas", das nur du durch die Musik, die du singst, vermitteln kannst, deine *individuelle Art und Weise,* diese Musik zu singen: Die Fähigkeit, Atmosphäre zu schaffen durch Stimmfarbe, Körpersprache, Konzentration und Hingabe.

- **Vocal Versatility (stimmliche Flexibilität):** Beschreibt *deine persönliche Stimmqualität*, das, was deinen Klang einzigartig macht, was die Essenz und Emotion deiner Bühnenfigur und der Musik ausmacht und den Zuhörer emotional berührt.

- **Evenness (Zuverlässigkeit):** Beschreibt deine Zuverlässigkeit als Sänger, die technische und musikalische Präzision mit der es dir *regelmäßig* gelingt, deine Gabe zur Entfaltung zu bringen.

Alles oben Genannte baut eine emotionale Ver-

bindung, eine intime musikalische Beziehung zwischen dir und deinem Publikum auf. Ich nenne das den „Love Factor" (Liebesfaktor, Anm. d. Übers.).
All you need is L-O-V-E! Hier erfährst du, wie du sie bekommst...

Plane deine Zeit/T-I-M-E, um erfolgreich vorzusingen

Ein erfolgreicher Sänger-Darsteller braucht einen vielschichtigen, idiotensicheren Plan, durch den er auf alles für eine gute Aufführung Notwendige zugreifen kann – zu jeder Zeit. Dieser Plan sollte aufgeschrieben und regelmäßig genau geübt werden, damit das Unterbewusstsein im Aufführungsmodus automatisch auf diese Techniken zurückgreifen kann. Ein erfolgreicher Plan enthält folgende vier grundlegende Aspekte einer guten Aufführung:

Technical Precision (Stimmtechnik)
Inner Awareness (Wahrnehmung innerer Vorgänge)
Mental Muscle (Mentale Führung)
Expressive Freedom (Darstellerische Freiheit)

In Kürze: **T-I-M-E**

Lass uns diesen Vier-Punkte-Plan genauer betrachten. Am Ende des 30-Tage-Programms wird es auch *dein* Plan sein:

1. ***Stimmtechnik:*** Du lernst, alle musikalischen und textlichen Hinweise des Komponisten und Librettisten zu erkennen. Verstehst du diese Hinweise und weißt, was zu tun ist, wird das Stück für dich lebendig, und du kannst dich während der Aufführung ganz auf das Stück

und die Interpretation konzentrieren.

2. ***Wahrnehmung innerer Vorgänge:*** Du lernst, dich zu zentrieren und aus deiner Mitte zu singen, wahrzunehmen, was du während des Singens fühlst und denkst. Dadurch kannst du dein Verlangen entdecken und anzapfen, d.h.: Dich mit Leib und Seele durch Singen auszudrücken und alle Hindernisse zu erkennen.

Indem du eine starke Verbindung mit inneren Vorgängen aufbaust, verbindest du dich mit deinem Willen oder Selbst, das weiß, wer du im Kern wirklich bist. Dieses Selbst hilft dir zu erkennen, was du dir von deinem Leben als Sänger erträumst und wie du dir das Leben vorstellst.

Du wirfst einen auf deinen Emotionen aufbauenden Blick in die Zukunft und kannst so den häufig unbewussten inneren Hindernissen auf dem Weg zum Erfolg entgegentreten. Einmal ausgerichtet und verändert, um deinen Zielen zu dienen, wird diese innere Bewusstheit dich zu deinen Zielen führen. Die innere Bewusstheit an deinen Zielen auszurichten, stärkt auch dein Durchhaltevermögen.

3. ***Mentale Führung:*** Du lernst, deine positive Einstellung zu trainieren, denn die brauchst du für den Erfolg. Du formulierst deine Ziele und sendest dir positive Botschaften und Bilder während du dich auf dein Ziel zu bewegst. Dieses Steuern der Gedanken hilft, deine Stärken zu betonen, deine Schwächen zu vermindern oder zu beseitigen, und mit deinen

Sinneswahrnehmungen zu experimentieren; Fokus, Aufmerksamkeit, Bewusstheit und Konzentration auszubilden. Wenn du dich bewusst in mentaler Führung übst, bekommt dein Unterbewusstsein einen verlässlichen Plan geliefert, um unerwarteten Ablenkungen während einer Aufführung entgegenzutreten. Du wirst nie wieder von Ablenkungen überrumpelt, ohne zu wissen, wie du zurückfindest.

4. **Darstellerische Freiheit:** Du lernst Hilfsmittel kennen, die dir zunehmend ermöglichen Körperbewusstsein, vielfältige körperliche Ausdrucksformen und Haltungen einzusetzen, um deine Bühnenfigur uneingeschränkt auszufüllen. Das heißt Mimik, Körpersprache, Gesten und Fokuswechsel zu erkennen und einzusetzen, die den emotionalen Gehalt und die Atmosphäre, die Text und Musik zu Grunde liegt, vermitteln.
Darstellerische Freiheit zeigt sich häufig durch die Gelassenheit oder Leichtigkeit, mit der du dich während der Vorstellung bewegst. Darstellerische Freiheit zu erlangen heißt auch, Techniken zu beherrschen, die Verspannungen aufspüren und lösen helfen. Ebenso solltest du die Bedürfnisse deines Körpers kennen: ausreichende Ruhephasen, gesunde Ernährung, der Umgang mit Allergien, Sodbrennen (Reflux-Erkrankung), Erkältung, Menstruation etc.

Erfolglose Sänger und Anfänger berücksichtigen in Vorsingsituationen oft nur einen oder zwei dieser vier wesentlichen Aspekte in ihrer Übepraxis - meistens den technischen und/oder darstellerischen. Diese (häufig guten) Sänger werden solange enttäuschende

Vorsingen haben bis sie den Plan zur Vorbereitung verändern.

Der Grund dafür: *Optimale Aufführungen sind nur möglich, wenn alle vier Aspekte beachtet werden.* Bei der Vorbereitung musst du also konsequent alle vier Aspekte berücksichtigen, um erfolgreich vorsingen zu können.

Mit Hilfe dieser Anleitung wirst du jeden einzelnen Schritt deines T-I-M-E-Plans auswählen, präzisieren und endgültig festlegen.

Trete ins Rampenlicht

Was genau möchtest du erreichen? Möglicherweise eine bestimmte Rolle, einen Vertrag, einen Vertrag mit einem bestimmten Agenten oder einen Preis. Oder du möchtest in ein prestigeträchtiges Ausbildungsprogramm oder Ensemble; möglicherweise wünschst du dir aber auch etwas so Allgemeines wie eine lange und erfolgreiche Gesangskarriere. Vielleicht ist es auch etwas so Einfaches, wie ein regelmäßiges Einkommen als Sänger zu verdienen. In das Rampenlicht deiner verwirklichten Träume zu treten setzt voraus, dass du als erstes definierst, was du *wirklich* willst. Erst dann kannst du von diesem Ziel oder Wunsch aus rückwärts gehen und den Weg in dein Rampenlicht entdecken – das ist die Erfüllung deines Ziels.

Woher weißt du, was du wirklich willst?

Das Erstaunliche ist, dass viele von uns diese einfache aber grundlegende Frage niemals in Gänze betrachtet haben.

Finde deine innere Bühnen-Erfahrung

Suche einen stillen Raum und nimm dir einen Moment Zeit in dich zu gehen. Frage dich, was dich wirklich glücklich macht. Kannst du dir vorstellen, wie dein Leben aussähe? Wie sähe ein typischer Tag in deinem idealen Leben aus? Was möchtest du gerne über dein Leben sagen können? In welcher Beziehung möchtest du zu den anderen Menschen in deinem Leben stehen - Familie, Freunde, Berufskollegen, etc.? Was möchtest du in deinem Leben gerne lernen, und woran möchtest du wachsen? Was möchtest du gerne sagen können, in deinem Leben gemeistert oder erreicht zu haben? Was möchtest du über dich selbst lernen? Sei ehrlich mit dir, und die Antworten werden deine wahren Wünsche offenbaren, die dir helfen zu formulieren, was du mit deinem Leben tun möchtest. Deine Absichten steuern deine Handlungen, und deine Handlungen führen dich in das Rampenlicht deines Zieles.

Jetzt schreibe alles auf.

AB 1: „Absicht erforschen", S. 89

Durch die Übung zur Erforschung deiner Wünsche und Absichten wirst du Vorsätze für deine Zukunft entdecken und schriftlich fixieren. Betrachte, was dir die Stille offenbart hat. Unter Berücksichtigung dessen, was du aufgeschrieben hast: Was also willst du wirklich? Warum? Was ist das gewünschte Ergebnis, wenn du bekommen hast, was du willst? Bist du dann glücklich, reich, gesund, erfüllt oder erfolgreich? Diese Antwort wird deine innersten Wünsche noch deutlicher enthüllen. Schreibe die Antworten so auf, als hätten sich deine Wünsche bereits erfüllt. Wie sieht dein Leben aus? Wie handelst du in deiner Umwelt? Wie fühlst du dich? Dein Verlangen wird aus deinem tiefsten Innern zu dir sprechen. Diese „kraftvolle innere Stimme" ist jetzt die Kraft, die dir hilft zu erreichen, was du wirklich willst. Diese innere Kraft weiß, *wie!*

AB 2: „Meine beabsichtigten Ergebnisse", S. 91

Ebne den Weg auf deine innere Bühne

> „Was auch immer man fühlt oder sich deutlich vorstellt wird dem Unterbewusstsein eingeprägt und bis ins kleinste Detail ausgeführt." (Florence Shovel Shinn: *The Game Of Life and How to Play It*,1905.)

Hast du dich auch schon dabei erwischt, dass du zwar gesagt hast, du wolltest einen bestimmten Wettbewerb gewinnen oder eine bestimmte Rolle bekommen, hast dir aber heimlich oder unbewusst all die Gründe aufgezählt, warum das nie gelingen wird: „Das wird sowieso nichts, also warum ärgern." „Ich bin sicher, sie haben die Rolle längst besetzt." „Ich bin noch nicht gut genug." Oder „Ich bin nicht halb so gut wie der und der, deshalb werde ich die Rolle sowieso nicht bekommen." „Na ja, wenn es nichts wird, hat es nicht sollen sein." Und all das negative Denken und die Selbstgespräche schon *bevor* du auch nur eine Note gesungen hast! Diese Beispiele zeigen, dass du dir noch nicht wirklich im Klaren darüber bist, was du wirklich willst.

Weißt du erst einmal, was du erreichen willst, tauchen häufig Selbstzweifel und Widerstände auf, die verhindern, dass du das Ziel erreichst oder zumindest den Prozess verlangsamen. Geschieht dies, ist die Ursache zumeist ein innerer Konflikt zwischen dem, was du sagst erreichen zu wollen und deiner Art und Weise, auf dem Weg zum Ziel zu denken und zu handeln.

Zweifelnde innere Dialoge enthüllen, worüber du dir nicht wirklich im Klaren bist. Dieser Konflikt muss erkannt und aus dem Weg geräumt werden, bevor du dem Rampenlicht näher kommen kannst.

Wenn du dir nicht wirklich im Klaren bist, du dir nicht deutlich vorstellen kannst, das zu erreichen, was du möchtest – dann darfst du nicht mal das Beste *hoffen*. In solchen Momenten ist es deine Aufgabe, deine Gedanken, Worte und Handlungen auf das Ziel zu konzentrieren: Das zu erreichen, was du willst! Wenn du den inneren Konflikt löst, wirst du eine Harmonie verspüren zwischen deinen innersten Wünschen und deinen äußeren Handlungen. Orien-tieren sich deine Gedanken, Worte und Handlungen an deinem größten Wunsch, hast du bereits einen großen Schritt in Richtung deines Zieles und ins Rampenlicht gemacht.

> Die Sängerin Melanie* ist nicht in der Lage ihre sängerisch-darstellerischen Stärken zu erkennen oder zu benennen. Sie sieht einfach nicht, was gut läuft und kann es auch nicht würdigen. Wann immer sie eine Phrase singt, wartet sie nur darauf kritisiert zu werden; kommt aber keine Kritik kritisiert sie sich selbst. Für erfolgreiche Sänger-Darsteller ist es aber genauso wichtig zu wissen, wo Stärken liegen, wie auch die Dinge zu kennen,

> die verbesserungswürdig sind. Melanies mentale Blockade besteht in den negativen Selbstgesprächen, die ihr Ziel, gut vorzusingen, unmöglich unterstützen können. Melanie sabotiert ihre Vorsätze und untergräbt so ihre eigenen Versuche, das Ziel zu erreichen. Jeder innere Dialog wird zu einer unfehlbaren sich selbst erfüllenden Prophezeiung.
> *Der Name wurde zur Wahrung der Privatsphäre geändert.

Um den Weg zu deiner inneren Bühne frei zu machen, ist es unerlässlich, alle Befürchtungen und Ängste aufzudecken, die dich davon abhalten, das zu beanspruchen und zu bekommen, was du willst. Nur wenn du deine Ängste enthüllst kannst du die Sabotage deiner Vorsätze verhindern und ins Rampenlicht treten. Doch wovor will dich dein negativer innerer Dialog beschützen? Warum fürchtest du dich davor, deine Wünsche umzusetzen? Enthülle deine Ängste. Hast du Angst davor nicht den Erwartungen anderer zu entsprechen? Hast du Angst vor dem Scheitern? Hast du Angst, du könntest Erfolg haben? Was würde Scheitern oder Erfolg für dich und dein Leben bedeuten? Hast du Angst davor, der Erfolg könnte den Umgang mit deiner Familie oder den engsten Freunden verändern? Hast du Angst davor, nicht mehr gemocht zu werden oder unbequeme Veränderungen in Kauf nehmen zu müssen?

Nur *du* kannst diese Fragen beantworten. Nur *du* kannst dich freimachen von allen Ängsten, die den Weg zum Erfolg blockieren. Habe keine Angst ihnen gegenüber zu treten und sie aus deinen Gedanken zu verbannen. Schreibe auf, welche Gedanken dir dabei kommen.

AB 3: „Befreie dich von deinen Ängsten", S. 93

Cindy*, eine wirklich außergewöhnlich begabte Sopranistin, hatte zwei Sommer in Folge bei einem bekannten Opern-Ausbildungsprogramm mitgesungen, und nahm nun an meinem Seminar „Die Kunst des Vorsingens" teil. Ich war hin und weg von der blanken Schönheit und Kraft ihrer Stimme. Sie hatte bereits über ein Jahr lang Vorsingen absolviert, ohne einen Agenten zu finden oder einen Vertrag abzuschließen.

Schnell erkannte ich, dass ein wichtiger Aspekt in ihrem Auftreten fehlte: Wenn Cindy sang, gab es nichts in ihrer körperlichen Präsenz, das dich an das Leid des Charakters, den sie darstellte, hätte glauben lassen. Sie sang gut, aber es war einfach nur schön. Es gab keine emotionale Verbindung zu ihr in Form von Ausdruck in Gesicht und Körper.

Es gibt Techniken, um diesen Teil sängerischen Auftretens zu verbessern, und ich fragte mich, wie es geschehen konnte, dass dieser wichtige Aspekt so lange übersehen worden war. Nach etwas Arbeit „unter vier Augen", bekam ich die Antwort. Cindy hatte nie versucht, die Frage zu beantworten: „Warum komme ich meinem Ziel nicht näher?" Stattdessen hatte sie sich selbst davon überzeugt, sie könne dies sowieso nicht kontrollieren. Es „musste" so sein.

Ich fragte sie nach dem grundlegenden Schritt für den Erfolg: Ihrer Vorsing-Routine. Ich war schockiert zu erfahren, dass sie keiner strukturierten Routine folgte. Diese begabte

> Sängerin erschien einfach zum Vorsingen und hoffte auf das Beste. Sie hatte keine Vorstellung davon, ihre Gedanken zu leiten oder sich eine Auftrittsumgebung zu schaffen. Sie hatte keinen konkreten Plan, um im Falle von Ablenkungen oder Nervosität den Fokus zurückzugewinnen und wusste nicht, wie sie den Zugang zum tiefen Sinn des Textes, den sie kommunizierte, finden konnte. Ihre Gedanken konnten machen, was sie wollten. Daher also ihr abgekoppelter und unbeteiligter Auftritt.
> Cindys größter Fehler war, ihren Fortschritt dem Schicksal zu überlassen, anstatt nach Lösungen zu suchen für die Hindernisse auf ihrem Weg zum Erfolg. Als sie endlich die Verantwortung für ihre mangelnden Fortschritte übernommen hatte, hatte sie die Kraft, um die notwendigen Veränderungen vorzunehmen.
> *Der Name wurde zur Wahrung der Privatsphäre geändert.

Befreie dich von allen inneren Blockaden in deinen Gedanken, deinen inneren Dialogen, deinen Worten und Handlungen. Stelle dich deinen Ängsten, und lasse sie los. Das ist der Schlüssel, um den Weg zu deiner inneren Bühne und ins Rampenlicht freizumachen.

Ich! Ich! - Ich! Ich! - Ich! Ich! Ich!

Gedanken, deinen inneren Dialogen, deinen Worten und Handlungen. Stelle dich deinen Ängsten, und lasse sie los. Das ist der Schlüssel, um den Weg zu deiner inneren Bühne und ins Rampenlicht freizumachen.

Ich! Ich! - Ich! Ich! - Ich! Ich! Ich!

Jetzt, wo du weißt, was du wirklich willst, beantworte noch diese letzten Fragen. Bist du bereit, deine ganze Kraft und Energie in deinen Erfolg zu investieren? Bist du bereit, zuerst an dich zu denken? Bist du bereit, alle deine Ressourcen zu bündeln, um dein Ziel zu erreichen?

Bist du bereit dich entsprechend dieser Richtlinien zu verhalten?

- Bist du technisch gut genug, um das ausgewählte Repertoire zu singen? Wenn nicht, bist du bereit die passenden Gesangs- und Körperbewusstseinsübungen zu suchen und regelmäßig zu üben, um die notwendigen Fertigkeiten zu erwerben?

- Bist du bereit eine Arie auszuwählen, die

  besser passt, solltest du es unrealistisch finden, die notwendigen Fertigkeiten am Ende der 30 Tage wirklich zu beherrschen?

- Fehlen dir darstellerische Fertigkeiten, um einen Charakter darzustellen? Bist du bereit, Schritte zu unternehmen, um die ent-sprechende Hilfe zu suchen? Falls du bisher nur Konzerterfahrung hast aber in einer inszenierten Aufführung singen möchtest: Bist du bereit, vor deinem Vorsingen Schauspiel- oder Bewegungsunterricht oder privates Schauspiel-Coaching bei einem Schauspieler oder Coach in Anspruch zu nehmen? Diese Schritte stellen sicher, dass du die notwendigen kleinen Schritte unternimmst, um dein Ziel zu erreichen. Das sind die Etappenziele, die Don

Greene in seinem Buch *Performance Success*, 2002 beschrieben hat.

- Musst du deine mentalen Fähigkeiten verbessern? Arbeiten deine Gedanken für oder gegen dich? Was bist du vor deinem Vorsingen bereit zu investieren, um sicherzustellen, dass du das richtige denkst, hilfreiche Gedanken, die im Einklang stehen mit deinem Vorhaben? Bist du bereit alles zu tun, was notwendig ist, um deine Konzentration und deinen Fokus zu verbessern?

- Hörst du auf die Menschen, denen du vertraust? Bist du bereit, ihnen zuzuhören und zu tun, was sie dir raten?

- Bist du bereit, auf deine innere Stimme zu hören und deinen Instinkten zu folgen, auch wenn es bedeutet eine Freundschaft oder Beziehung zu riskieren, wenn du anderer Ansicht als dein Lehrer sein solltest oder feststellst, dass du mit deinem jetzigen Lehrer oder Coach nicht genug Fortschritte machst?

Lasse dir das ausgiebig durch den Kopf gehen. Wenn du bereit bist, musst du dir selbst gegenüber das Versprechen ablegen, die Arbeit zu Ende zu bringen, die dich zu deinem Ziel führt.

Dieses Versprechen führt dich zum Entwurf des Schlachtplans - deinem nächsten Schritt.

Plane die Schritte ins Rampenlicht

Sind deine Gedanken, Worte und Handlungen einmal

ausgerichtet auf dein Vorhaben, ist der Weg auf deine innere Bühne frei; und du bist bereit das Notwendige zu tun, um dein Ziel zu erreichen. Jetzt musst du die notwendigen Schritte planen, die dich ins Rampenlicht führen.

> Carl* studiert an einer großen deutschen Musikhochschule und wurde einem Lehrer zugeteilt, mit dem er sich nicht versteht. Seine natürlich schöne Baritonstimme, war immer zuverlässig, aber nach einigen Monaten mit dem neuen Lehrer, konnte er Töne, die er zuvor mühelos erreicht hatte, nur noch mit großer Mühe singen. Da die Hochschule darauf bestand, dass er bei diesem Lehrer studierte, waren seine einzigen Möglichkeiten, das Studium zu be-enden oder weiterhin einen stimmlichen „Verfall" zu erleiden.
>
> Carl aber sah noch andere Möglichkeiten und suchte außerhalb der Hochschule nach Hilfe. Tatsächlich fand er einen Gesanglehrer, der bereit war, unter diesen schwierigen Umständen mit ihm zu arbeiten. Seine Stimme sprach nicht nur auf den Unterricht an, nein sie erblühte und wuchs. Carl hatte sein Schicksal nicht ak-zeptiert. Er erkannte das Problem, handelte und fand eine Lösung für sein Dilemma.
>
> Er setzte seine Studien fort und wurde durch eine gesunde Gesangstechnik belohnt, die ihm in schwierigen Zeiten helfen konnte. Er vertraute seiner inneren Stimme und seinem Instinkt und setzte seine Suche fort, um zu finden, was er brauchte.
> *Der Name wurde zur Wahrung der Privatsphäre geändert.

In dieser Phase entwirfst du einen Schlachtplan. Die nächsten Schritte sind die Bausteine, die dich von deinem Ist-Zustand dorthin bringen, wo du hin musst, um dein Vorhaben in die Tat umsetzen zu können. Die Fähigkeit, in diesen Bereichen bei der Sache zu bleiben bis du Fortschritte sehen kannst, ist der letzte Schritt auf dem Weg zum Ziel.

Behalte das Ziel im Auge

Schaffst du es, dich auf das zu konzentrieren, was du erreichen möchtest, und woran du dafür arbeiten musst, wird es dir auch gelingen ganz im Augenblick zu leben, denn dort geschieht das Magische! Im Augenblick zu leben bedeutet, im Vertrauen auf die Entwicklung in der Zukunft die Vergangenheit Vergangenheit sein zu lassen. Deshalb entwirfst du einen Plan.

Um diesen Plan zu entwerfen, musst du dich auf dein Vorhaben konzentrieren, anstatt darüber nachzudenken, was in der Vergangenheit geschah, oder was die Zukunft bringen mag. Dadurch bekommst du auch eine Vorlage, anhand derer du „auf Kurs" bleibst, und die es dir erlaubt, jedes Ergebnis als weitere Möglichkeit auf dem Weg zum Ziel zu begreifen. Wenn du bei der Sache bleibst, bist du so sehr mit den Dingen beschäftigt, die notwendig sind, um die gewünschten Ergebnisse zu erzielen, dass es dir leicht fällt, das Bedürfnis fallen zu lassen, die Ergebnisse beeinflussen zu wollen.

Denke an die fünf Schritte in das Rampenlicht deines Erfolges. Sie sind die Grundlage deines Plans.

1. Finde deine persönliche „Bühnenerfahrung" und nimm dir vor, sie zu verwirklichen.
2. Ebne den Weg auf deine innere Bühne.
3. Sei bereit die nötigen Schritte zu unternehmen, um ins Rampenlicht zu kommen.
4. Plane den Weg, der dich ins Rampenlicht führt.
5. Konzentriere dich auf das Rampenlicht bis du mittendrin stehst!

Auf die Plätze, Fertig . . .

Bevor du deinen **30-Tage Countdown** zum erfolgreichen Vorsingen beginnst, möchte ich, dass du während du deinen Plan machst noch über einen weiteren wichtigen Teil deines Erfolges nachdenkst: Dein Helfer-Netzwerk.

Auf wen kannst du dich verlassen?

> ➢ Überlege welche vier bis fünf Personen dir helfen können, deine Ziele zu erreichen. Das sind die Menschen, die an dich glauben, die dir die Wahrheit sagen, die dich ermutigen und inspirieren. Diese Menschen sind aktiver Teil deines Planes. Ein Musiker, ein Korrepetitor oder Gesanglehrer und dein Pianist sollten ebenso dabei sein wie jemand, der deine Stimme kennt, und dem du zutraust, ehrliche und konstruktive Kritik zu äußern.

➢ Hast du diese Menschen gefunden, bitte sie, an mindestens einem deiner drei Probe-Vorsingen in den nächsten vier Wochen teilzunehmen, um dir zuzuhören und deine Fortschritte zu kommentieren. Zusammen mit deinem Pianisten und deinem Helfer-Netzwerk lege für beide Seiten angenehme Termine und Orte für diese Vorsingen fest.

➢ Zeige allen diesen Personen deinen Plan, damit sie wissen, wo es hingehen soll. Ihnen dein Vorhaben zu erklären, macht sie gleichzeitig zu Zeugen deines Vorhabens: Ein sehr wichtiger Motivationsfaktor zum Erreichen deiner Ziele.

Der nächste wichtige Schritt ist eine Selbstwahrnehmungsübung. Sie bezieht die Ansichten deines Mentors, Gesanglehrers oder Korrepetitors bezüglich deiner Arienauswahl und deren Eignung ebenso mit ein wie die Auswahl des Vorsingtypus zum jetzigen Zeitpunkt deiner Entwicklung.

Wem möchtest du jetzt etwas vorsingen?

Eine der wichtigsten Entscheidungen ist, welche Vorsingen du jetzt anstreben solltest. Es gibt viele Arten von Vorsingen. In einem frühen Stadium deiner Ausbildung musst du vielleicht für ein Förderprogramm für junge Sänger oder einen Gesanglehrer oder Korrepetitor vorsingen. Bei vielen Wettbewerben gibt es ein anfängliches Vorsingen in Form einer Aufnahme, die du einsenden musst, bevor du überhaupt teilnehmen darfst.

Es gibt Vorsingen zum Beispiel für Hochschul- oder

semiprofessionelle örtliche Opernproduktionen als auch für die Solo-Partien in Oratorien.

Auf der nächsten Stufe deiner Ausbildung folgen Vorsingen für Opernstudios, nationale und internationale Wettbewerbe, Agenten, Dirigenten und Opernhäuser.

Auf jeder Entwicklungsstufe gibt es Vorsingen, die man als Übung betrachtet, und an denen man in erster Linie teilnimmt, um seine Vorsingfähigkeiten zu üben und zu verbessern. Dafür sollte man Vor-singen wählen mit niedrigerem Anspruch, denen nicht viel Bedeutung beigemessen wird.
Vorsingen für diverse Hochschulproduktionen und Chorwerke, lokale oder Hochschulwettbewerbe, Sommer–Musical-Produktionen oder kleine Sommer-Festivals bieten sich als Probe-Vorsingen an.

Das Wichtigste ist, diese Übe-Möglichkeiten gut auszuwählen. Probe-Vorsingen sollten Vorsingen sein, an die du keine hohen Erwartungen stellst, und bei denen du nicht viel zu verlieren hast. Es dürfen keine für die Karriere wichtigen Vorsingen sein.

Spare dir die „großen Vorsingen" auf als Sprung-bretter ins Rampenlicht. Das sind jene Vorsingen, die für die Erfüllung deiner Träume wichtig sind. Vorsingen dieser Kategorie sind strategische Möglich-keiten, um die Karriere voranzubringen. An solchen Vorsingen sollte man nur teilnehmen, wenn man schon einige Vorsingpraxis gesammelt hat. Zu diesen Vorsingen gehören:

- Nationale oder internationale Wettbewerbe, bei denen du mit vielen anderen Sängern um einen Geldpreis wetteiferst

- Die Opernstudios der wichtigen nationalen Opernhäuser

- Internationale Sommer-Opern-Festivals

- Die „Vorstellungspodien", auf denen du für jemanden singst wie: potenzieller Sponsor, Dirigent, Intendant, Agent oder Mentor etc., die dich möglicherweise in Zukunft unterstützen oder engagieren könnten. In dem Fall geht es nicht nur um eine bestimmte Rolle oder einen Vertrag, sondern um deine Entwicklungsmöglichkeiten als Künstler. Bei einem solchen Vorsingen möchtest du nicht nur dein Talent im Ganzen präsentieren sondern auch deine Entwicklungspotenziale.

Diese Vorsingen gehören zu den wichtigsten Karriere-Bausteinen eines jungen Sängers. An solchen Vorsingen sollte man nur teilnehmen, wenn man bereits Auftrittserfahrung im professionellen Rahmen gesammelt hat und viele Vorsingen absolviert hat.
Du als Sänger kannst dich am besten unterstützen, indem du deine Vorsingen gut auswählst.

Die richtige Wahl

Als ich auf meinem Seminar „Die Kunst des Vorsingens" die Teilnehmer fragte, warum sie die jeweiligen Arien zum Vorsingen ausgewählt hätten, war ich schockiert über die Antworten.
Genauer gesagt hatte ich gefragt: „Was ist an deinem Vortrag dieser Arie das Besondere?" Ich bekam alle möglichen vagen Antworten: „Ich fühle mich dem Text verbunden und kann ihn gut ausdrücken." „Meine Aussprache ist super!" „Ich denke, dass ich eine gute

Verbindung zu der Bühnenfigur habe." „Ich liebe die Musik."

Ich bekam jede mögliche Antwort bis auf die wirklich entscheidende: „Ich singe diese Arie fabelhaft!" „Diese Arie zeigt mein wundervoll schwebendes hohes B oder meine eindrucksvollen Koloraturen oder mein aufregendes hohes C!"

Was fehlte war die Begeisterung, die Sänger üblicherweise damit verbinden, was sie einer Arie Besonderes geben. Ich ging noch einen Schritt weiter: „Was magst du an deinem Gesang ganz besonders? Was würdest du als deinen größten stimmlichen Vorteil beschreiben? Was an deiner Stimme bringt die Leute dazu, sie nicht nur hören zu wollen, sondern auch noch dafür zu *bezahlen, dich* diese Arie singen zu hören? Was hat deine Stimme, was hast du zu bieten, was andere nicht haben?"
Nicht einer, *nicht ein einziger* konnte diese Fragen beantworten! Meine Antwort: „Wenn du es nicht einmal weißt, wie soll es jemand anders wissen? Wenn du deinen Klang nicht liebst, respektierst und schätzt, wer soll es dann tun? Warum sollten andere ihn mögen?"

Was an dir ist einmalig? Durch welche Qualitäten hebt sich deine Stimme von anderen ab? Kennst du sie? Kannst du sie benennen? Wie kannst du deine Stärken verkaufen oder betonen und deine

Schwächen verbessern oder neutralisieren?

Hier möchte ich meinen wunderbaren Kollegen, den altgedienten Charaktertenor Steven Cole zitieren:

> „Technik handelt davon, zu verstärken, was du kannst, und abzuschwächen, was du nicht kannst."

Wenn du deinen persönlichen „LOVE-Faktor" als Sänger und Darsteller beschreiben solltest, was wäre dieser? Welche Arien in deinem Repertoire zeigen diesen Faktor am besten?

> „Deine Vorsingarien-Liste wirkt am besten, wenn sie die Zuhörer informiert, anstatt sie zu verwirren." (Joan Dornemann: *Complete Preparation, A Guide to Auditioning for Opera*, 1992.)

Die berühmte Korrepetitorin Joan Dornemann empfiehlt ein Vorsing-Repertoire, das zeigt, was du gegenwärtig gut kannst und dabei eine Arie enthält, die zeigt, was deine Stimme in Zukunft voraus-sichtlich zu tun vermag. Das im Hinterkopf beantworte die folgenden Fragen:

1. Sind die ausgewählten Arien repräsentativ für das Beste, das du zurzeit kannst; sind sie im Rahmen deiner technischen Möglichkeiten?

2. Könntest du jetzt oder in naher Zukunft die ganze Partie technisch und körperlich beherrschen, aus der die Arie stammt?

3. Ist die Arie kürzer als fünf Minuten?

4. Hast du dir die Arie übersetzt und kannst sie auswendig?

5. Enthält die Auswahl auf deiner Liste verschiedene Sprachen, Stile, Tempi und emotionale Strukturen? Bedenke, dass du ein möglichst breites Spektrum deines Talents zeigen möchtest.

6. Das Wichtigste: Kannst du dir vorstellen, diese Arien innerhalb der gesetzten Zeitspanne von 30 Tagen selbst unter größter vorstellbarer Anspannung *gut* zu singen – in einer Wettbewerbs-Situation?

Wenn du oder dein Netzwerk musikalischer Helfer nicht alle Fragen mit einem klaren **ja** beantworten könnt, musst du für diesen **30-Tage Countdown** über eine andere Arien-Auswahl nachdenken. Für beste Ergebnisse nimm nur Arien in die Liste auf, bei denen du **alle** oben gestellten Fragen mit **ja** beantworten kannst.

... LOS! - DER 30-TAGE COUNTDOWN

Der Countdown:
An den Tagen 30, 23, 22, 16, 15, 10, 8 und 4 benötigst du einen Klavierbegleiter.

Tag 30

Stimme Datum, Zeit und Ort des ersten Probe-Vorsingens mit deinem Klavierbegleiter und den Helfern ab.

Beginne Tag 30, indem du dich zentrierst. Es gibt viele Zentrierungs- und Entspannungsmethoden. Die wichtigsten Aspekte des Zentrierens sind: ein ruhiger, privater Raum, der tiefe rhythmische Atem und „sich den Kopf freizumachen". Dadurch kannst du den Fokus dorthin richten, wo du ihn brauchst. Das Zentrieren ist vor dem Singen oder anderen zielorientierten Tätigkeiten sehr wichtig. Nur dann kannst du das gewünschte Resultat klar gestalten.

Der erste Schritt auf dem Weg zum Erfolg ist, deine innere Bühne zu betreten, dein Lebenskonzept zu finden mit der klaren Absicht, es auch wirklich umzusetzen. Ich setze voraus, dass du am Ende des 30-Tage Countdowns deine Vorsingen wirklich erfolgreich meistern möchtest. Es ist an dir, den Weg zu deiner inneren Bühne zu finden, zu deinen innigsten Wünschen. Du musst dich verpflichten, alle Hindernisse zu erkennen und daran zu arbeiten, sie in den nächsten 30 Tagen aus dem Weg zu räumen. Mit Hilfe des Zentrierens wirst du herausfinden, worauf du dich bei deinen täglichen Übungseinheiten besonders nachhaltig konzentrieren solltest. Die Übungseinheiten sind dein Weg ins Rampenlicht.

Zum Zentrieren bevorzuge ich die Methode des Sport-Psychologen Dr. med. Don Greene. In seinem Buch *„Performance Success"* (2002) hat Dr. Greene eine Schritt-für-Schritt-Anleitung entworfen, mit deren Hilfe das Zentrieren schnell gelingt.

Betrete deine innere Bühne

- Setze dich bequem hin, mit den Händen auf dem Schoß.

- Formuliere in Gedanken, was du am Ende dieser 30 Tage erreicht haben möchtest.

- Suche dir einen Punkt in einiger Entfernung vor dir unterhalb der Augenhöhe, in den du alle deine Energie schickst. Vielleicht ist es die Rückwand des Raumes/Saales, in dem du gerade bist, ein Stuhl oder eine Stuhlreihe, ein Notenständer oder ein anderes Objekt unterhalb der Augenhöhe. Dadurch wird die Aktivität der rechten Gehirnhälfte angeregt. Sie hilft die optimale Aufführungsqualität zu erreichen. Richte den Blick auf das Objekt/den Punkt bis es/er unscharf wird. Es ist der gleiche Effekt wie beim In-die-Ferne-Starren oder Tagträumen. Fällt dir das zu Anfang schwer, schließe die Augen, nimm einige tiefe Atemzüge und entspanne deine Körpermitte.

- Richte die Aufmerksamkeit auf die Atmung, die tief aus deiner Körpermitte kommt. Denke dir einen Punkt in der Körpermitte kurz unterhalb des Bauchnabels und fünf Zenti-meter innerhalb deines Körpers.

    Atme durch die Nase in diesen Punkt hinein. Fülle deinen Rumpf und Brustkorb mit Luft. Atme langsam und gleichmäßig durch den Mund aus.

- Während du ausatmest, lasse deine Aufmerksamkeit langsam vom Kopf zu den Füßen wandern. Spüre dabei jede Verspannung in deinem Körper und löse sie. Wenn du dich nur auf den Atem konzentrierst hört auch das Grübeln in deinem Kopf auf. Wiederhole das solange, bis du völlig entspannt und auf den Atem aus der Körpermitte konzentriert bist. Genieße das geerdete und ruhige Gefühl in

Erfolgreich vorsingen!

deiner Körpermitte.

- Hast du einige Male in deine Mitte geatmet formuliere das Ziel für das Ende des **30-Tage Countdowns** (z.B. „Am Ende dieser 30 Tage werde ich in der Lage sein, ein Vorsingen genauso gut wie eine Aufführung zu singen."). Nimm dir Zeit, dir vorzustellen, wie du dein Ziel erreicht hast. Was hat dir geholfen, dieses Ziel zu erreichen? Finde Stichworte oder Schlüsselsätze, die dir helfen, dein Ziel zu erreichen (z.B. „Flow", „entspannte Aufmerksamkeit", „Hab Spaß!"). Wiederhole diese Stichworte oder Sätze während du atmest bis du dich selbst ganz im Flow vor einer Vorsing-Jury singen siehst: entspannt, aber konzentriert mit Freude. Stell dir vor, wie gut sich das anfühlt, und wie froh es dich macht. Sprich deine Absicht laut aus.

- Stell dir vor, wie deine Energie/deine Kraftquelle aus der Mitte durch den Körper nach außen zu deinem Fokuspunkt strömt, während du die Augen öffnest. Spüre die direkte Verbindung zwischen deiner Körpermitte und der Kraft oder Energiequelle auf die du dich gerade konzentrierst. Diese Energie hilft dir, dein Ziel zu erreichen. Nimm sie als Partner an und beschließe: „Jetzt schaff' ich's!"

Nimm das AB 4 **„Absichtserklärung"** auf Seite 99 zur Hand. Jetzt werde konkreter und schreibe auf, was dieses 30-Tage-Programm für die kommenden Auftritte bedeutet. Welche Bedeutung hat es für dein Leben, wenn du erfolgreich vorsingst?

AB 4: „Absichtserklärung" S. 99

Meine beste Aufführung mit L-O-V-E

Bestimmt hast du zumindest *eine* positive Auftrittserfahrung gemacht oder zumindest einen Moment in einer Aufführung gehabt, an dem alles funktioniert hat. Du hast gut gesungen. Du warst zuversichtlich und hast dich sicher gefühlt. Du hast einen schwierigen Ton oder eine schwierige Phrase gemeistert. Du warst im Flow. Du hattest Spaß dabei und hättest die Welt umarmen können. Das Publikum hat bei dieser Aufführung das Zusammenspiel von
- Likeability-(Sympathie)
- Originality- (Originalität)
- Vocal Versatility-(Stimmliche Flexibilität)
- Evenness (Zuverlässigkeit)

erleben dürfen. Wahrscheinlich warst du freudig erregt, fröhlich, aufgeregt und du hast diese positive Energie auf das Publikum übertragen. Dieser Moment der Aufführung war wie Magie.

Rufe dir diesen Moment in Erinnerung, als du dich eins gefühlt hast mit: deiner Stimme, der Musik, den anderen Musikern und dem Publikum. Beschreibe dies bis ins kleinste Detail.

AB 5: „Meine bisherige persönliche Bestleistung" S. 100

Wie fühlt sich das perfekte Zusammenspiel von L-O-V-E an? Stelle dir die folgenden Fragen und schreibe auf, was dir noch in den Sinn kommt.
Wie hat es sich angefühlt im Flow der Aufführung zu

sein?

Welche Sinneswahrnehmungen und Emotionen hat es in dir ausgelöst, so gut zu singen?

Wie hat sich dein Körper angefühlt? Während des Singens? Vor dem Singen? Nach dem Singen?

Beschreibe den Klang deiner Stimme, die Beschaffenheit, die Klangfarbe. Beschreibe, wie sich deine Stimme während des Singens angefühlt hat und wie sie für dich geklungen hat.

Wie hat sich der Raum um dich herum angefühlt?

Welche Bilder oder Worte beschreiben diese Erfahrung am besten, die Art und Weise wie du gesungen hast, deine Beziehung zu den anderen auf der Bühne?

Wenn du dich erinnern kannst, schreibe alles auf, was du getan hast, um dich vorzubereiten auch die Tagesabläufe an den Tagen vor und am Tag der Aufführung. Was hast du gegessen? Wie viel hast du geschlafen/dich ausgeruht? Woran hast du vor dem Auftritt gedacht? Auf einer Skala von 1 bis 10 wobei 1 „träge" bedeutet 10 „manisch": Wie hoch war dein Energie/Erregungslevel?

Was ich bereits kann

In der nächsten Übung nutzt du die Ergebnisse des AB 5 **„Meine bisherige persönliche Bestleistung"**, um eine Liste von positiven Aussagen aufzustellen, die deine Fähigkeiten als Darsteller betreffen. Ich nenne sie *Auftrittsaffirmationen*.

AB 6: „Auftrittsaffirmationen", S. 102

Unterstreiche in deinen Aufzeichnungen des Arbeitsblattes 5 **„Meine bisherige persönliche Bestleistung"** alle positiven Adjektive, Adverbien und sonstigen Ausdrücke. Nehmen wir an, du hast den folgenden oder einen ähnlichen Satz geschrieben. Die unterstrichenen Worte würdest du also auf dem Arbeitsblatt 6 **„Auftrittsaffirmationen"** oben notieren und daraus in der Gegenwartsform positive Aus-sagen, über deine Art aufzutreten, formulieren.
„Meine Stimme <u>füllte den ganzen Saal</u>, die <u>hohen Töne</u> kamen <u>leicht</u> und <u>warm</u>, mein Körper war <u>entspannt</u> und ich habe mit einer <u>großen Bandbreite</u> an Farben und Dynamik gesungen. Ich fühlte die Musik <u>mühelos</u> aus mir heraus <u>strömen</u>."

Bilde Sätze in der Gegenwartsform aus den unterstrichenen Wörtern, die deine Fähigkeiten als Darsteller beschreiben. Diese Aussagen basieren auf der Realität. Du hast sie mindestens einmal am eigenen Leibe erfahren. Es gibt keinen Grund, warum sich diese Erfahrung nicht wiederholen sollte. Es ist die *absolute Wahrheit* über deine Fähigkeiten als Darsteller. Bilde jetzt *Auftrittsaffirmationen* auf Grundlage der unterstrichenen Verben, Adjektive und sonstiger Ausdrücke.

Meine Stimme füllt den Saal.
Meine hohen Töne sind warm und leicht.
Mein Körper ist während der Aufführung entspannt.
Meine Stimme hat eine große Bandbreite an Farbe und Dynamik.
Die Musik strömt mühelos aus mir heraus.

Übungseinheit: Einsingübungen für alle Fälle

Für diese Einheit benötigst du deinen Pianisten.

Einsingübungen für alle Fälle

1. Finde eine Reihe von Einsingübungen für die folgenden drei Situationen, und schreibe sie auf:

   - **Ideal:** unter perfekten Bedingungen, kein Zeitdruck, körperlich fit

   - **Schnell:** Wenn deine Stimme bereits wach und frisch ist, gut anspricht und „gut geölt" ist; auch Übungen, die die Stimme schnell auf-wärmen.

   - **Schlimmster Fall:** Wenn du müde oder nicht auf dem Posten bist, nachdem du vor deinem Auftritt lange warten musstest, für besondere technische Schwierigkeiten wie z.B. Druck auf der Zunge oder einen blockierten Atemstrom.

   AB 7: „Einsingübungen für alle Fälle", S. 103

   Lass dich nicht verleiten, diese Übung zu übergehen! Obwohl es dir unnötig erscheinen mag, ist sie doch ein sehr wichtiger Schritt, um für alle Fälle gewappnet zu sein. Durch gute Vorbereitung bekommst du ein Gefühl für die Ruhe selbst im größten Sturm!

2. Beginne jede Übungseinheit, indem du dich zentrierst und ein Ziel formulierst. Ab jetzt wirst du dich vor jeder Übungseinheit zentrieren und jeweils ein Ziel formulieren. Nimm dazu die Zentrierungsübung von Tag 30. Die Ziele werden

allerdings spezifischer sein und sich an dem orientieren, was du in dieser Übungseinheit erreichen möchtest.

Dein Ziel ist jetzt, die Arien bestmöglich im Aufführungsmodus durchzusingen. Stell dir vor, wie du dich dafür einsingst und die Arien durchsingst. Finde Stichworte die dir dabei helfen, dir vorzustellen, wie du *gut* singst.

- Setze dich bequem hin.

- Formuliere ein Ziel für diese Übungseinheit.

- Suche dir einen Punkt vor dir unterhalb der Augenhöhe, in den du alle Energie schickst bis dein Blick unscharf wird, oder schließe deine Augen und konzentriere dich auf deinen Atemrhythmus. Atme einige Male durch die Nase ein und durch den Mund aus.

- Richte den inneren Fokus auf dein Zentrum kurz unterhalb des Bauch-nabels und ca. 5cm in deinem Innern. Atme weiter in dein Zentrum und formuliere Stichworte oder Sätze, die dir helfen, dein Ziel zu erreichen, in diesem Fall die Vorsing-Arien im Auf-führungsmodus durchzusingen (z.B.: einfach, entspannt, vollendet, flow etc.).

- Sammle deine innere Kraft und schicke sie nach draußen zu deinem Fokus-Punkt.

Spüre die Verbindung zu deiner Kraftquelle, nimm sie als Partner an, und beschließe „Jetzt schaff' ich's!".

3. Zeichne die Arien mit deinem Begleiter auf. Du kannst diese **Erste Aufnahme** auch in einer Gesangs- oder Korrepetitionsstunde machen, singe alle Arien auf jeden Fall ohne Unterbrechung im *Aufführungsmodus* durch. Lasse zwischen den Stücken maximal ein bis zwei Minuten Pause. *Egal wie, wenn du einmal begonnen hast, singe jede Arie durch bis zum Ende.* Singe so wie in einer Auftritts- oder Vorsingsituation.

   Beginne mit der Arie, die dir am leichtesten fällt, oder mit der du auch bei einem Vor-singen beginnen würdest.

   Achte während des Singens auf deine physischen Sinneswahrnehmungen und deine mentale Führung besonders an den schwier-igen Stellen der Arie.

   - Sind irgendwo Verspannungen?
   - Wandert deine Aufmerksamkeit umher?
   - Gelingt es dir, den Fokus schnell wieder zu finden?
   - Nimmst du negative innere Dialoge wahr?
   - *Achte auf diese Dinge ganz und gar unvoreingenommen.* Mache während des Singens nur eine kurze mentale Notiz von

allem, was dir in den Sinn kommt.

4. Fülle am Ende dieser Einheit das **Arbeitsblatt 8 „Auswertung der Ersten Aufnahme"** aus, *bevor du dir die Aufnahme anhörst.*

   AB 8: „Auswertung der Ersten Aufnahme", S. 104

   Schreibe auf, wie dir das Vorsingen gefallen hat, was hätte besser sein können, wann und wo in deinem Körper du Verspannungen gespürt hast, wie du mit deinem Fokus umgegangen bist etc. Häufig stimmen unsere Eindrücke nicht mit dem überein, was wir auf der Aufnahme hören. Darum ist es wichtig einen Vergleich zu haben zwischen dem, was du gefühlt hast, und dem was du beim Abhören der Aufnahme hörst. Du kannst dir die Aufnahme heute schon anhören wirst aber erst morgen damit weiterarbeiten.

5. Beschrifte die Aufnahme mit dem Datum und *Tag 30, Erste Aufnahme.*

Tag 29

Heute hörst du dir die Aufnahme an und bewertest jede einzelne Arie im Sinne der **T-I-M-E Elemente einer optimalen Aufführung:**

- Technical Proficiency (Stimmtechnik)

- Inner Awareness (Wahrnehmung innerer Vorgänge)

- Mental Muscle (Mentale Führung)

- Expressive Freedom (Darstellerische Freiheit)

Auf Grundlage dieser Bewertungen findest du Etappen- und Endziele für jede der Arien.

Die Arbeitsblätter zur Einschätzung der Arien sind in den nächsten vier Wochen deine Richtschnur. Durch sie findest du heraus, wo du bezüglich der **T-I-M-E** Elemente einer optimalen Aufführung stehst und kannst deine Etappen- und Endziele formulieren. Diese Arbeitsblätter dienen als Entwurf, um dich dort hinzubringen, wo du in 30 Tagen sein möchtest.

Im Allgemeinen ist eine Arie aufführungsreif, wenn du den Eindruck hast, die Arie sei zu 90% fertig. Das heißt: 90% der Zeit singst du die Arie mit guter Stimmtechnik, gutem Bewusstsein für deine inneren Vorgänge, guter mentaler Führung und Konzentration auf das Wesentliche, sowie freiem Ausdruck der Emotionen von Musik und Bühnenfigur. Gelingt es dir die Arie regelmäßig 90-prozentig gut zu singen, bist du auf dem guten Weg auch in der Aufführung den „Flow" zu erreichen.

AB 9:„Einschätzung der Arien", S. 106

1. Höre dir die Erste Aufnahme der Arien nacheinander an, und schreibe deine Beobach-tungen auf. Vergleiche, ob dein erster Eindruck von gestern dem entspricht, was du auf der Aufnahme tatsächlich hörst.

2. Inwieweit ist es dir gelungen, die T-I-M-E Elemente zu erfüllen? Beurteile das auf einer

Skala von 1 „gar nicht" bis 10 „vollständig".

- **Stimmtechnik:** Wie bewertest du insgesamt Timbre und Klangqualität, Aussprache, dynamische Abstufungen, Phrasierung, rhythmische Präzision und Intonation, musikalische Gestaltung und ihre stimmliche Umsetzung? Wie gut ist deine Aussprache und wie gut gelingt es dir, die Sprache und ihre Ausdrucks-kraft zu nutzen, um deiner musikalisch-stimmlichen Interpretation Bedeutung zu verleihen und deine Intention für dieses Stück zum Ausdruck zu bringen?

- **Wahrnehmung innerer Vorgänge:** Sind Freude und Hingabe, die du der Musik entgegenbringst hörbar? Hört man dein Selbstvertrauen? Verleihst du dem Text wirklich Ausdruck, oder singst du nur Wörter? Wie gut ist es dir gelungen auszudrücken, warum du gerade diese Arie singst?

- **Mentale Führung:** Die Leichtigkeit mit der du umschalten kannst zwischen konzentriertem Fokus (aktives Denken, planen, ausführen, Dominanz der linken Gehirnhälfte) und passivem Fokus (in der Gegenwart sein, im „Flow", das Singen genießen, Gefühle, Intuition, mühelos, außerhalb deines denkenden Selbst, Dominanz der rechten Gehirn-hälfte) wird beeinflusst durch die mentalen Stichworte, die du für das Stück auswählst. Die Fähigkeit um-zuschalten zwischen konzentriertem, aktivem Fokus und „Flow"/dem „in der Gegenwart sein" entscheidet über Erfolg oder Misserfolg deines Auftritts. Das gilt besonders angesichts der un-vorhersehbaren und unbekannten Um-stände, die deine Aufführung scheitern lassen können. Wie gut konntest du mit Störungen wie lauten Lärm, negativem inneren Dialog, Flüchtigkeitsfehlern oder Konzentrationslücken umgehen?

- **Darstellerische Freiheit:** Ohne Spiegel oder Videokamera ist dieser Aspekt schwierig zu beurteilen. Das einfache Hören einer Aufnahme gibt häufig keinen Aufschluss über die physische

  Vorgänge. So *denken* viele Sänger in meinen Workshops, sie hätten einen Blickwechsel durchgeführt, die passende Mimik, Geste, Haltung, und Bewegung gewählt, während davon nur sehr wenig „herüber kommt". Für den Augenblick genügt es, wenn du bewertest, wie gut es dir gelungen ist, auf die Worte und Emotionen des Charakters fokussiert zu bleiben, und wie gut du die Wechsel von Emotion und Fokus hast vorbereiten können. Achte hierfür besonders auf Klangfarbe, Dynamik, unterschiedliche Intensität und Kraft in deiner Stimme. Wie gut konntest du ein dramatisches Verständnis deiner Bühnenfigur und deine Gefühle über das vermitteln, was deine Bühnenfigur durchlebt? Kannst du die Emotion hören, die du vermitteln möchtest?

3. Finde mit Hilfe der Arbeitsblätter 9 **„Einschätzung der Arien"** für jede Arie Ziele für die nächsten 30 Tage. Beachte, dass sie zwar anspruchsvoll aber auch erreichbar sind. Was möchtest du nach diesen 30 Tagen für jede Arie erreicht haben? Das solltest du als *End-* oder *ultimatives* Ziel für jede Arie notieren. Was du tun musst, beschreiben die *Teil-* oder *Etappenziele.*

AB 10: „Ziele für die Arien nach 30 Tagen", S. 122

Welche Hilfsmittel oder Techniken stehen dir zur Verfügung, um diese Ziele zu erreichen? Handelt es sich um ein technisches Problem, musst du möglicherweise die betreffende Stelle herausnehmen und täglich üben, bevor du das Stück vorsingen kannst. Ist es ein physisches Problem: Kannst du herausfinden, welche Muskeln genau sich verspannen oder was letztendlich die Verspannungs- oder Energieprobleme hervorruft? Bei einem mentalen Problem finde Stichworte, die dir helfen, zurück zu deinem Fokus zu finden. Handelt es sich um innere Vorgänge: Was kannst du vor dem Singen tun, um dich auf deine Ziele für die Aufführung des Stückes einzustellen?

- Notiere dir ein erreichbares Ziel, das du durch bestimmte Hilfsmittel oder Techniken er-reichen kannst. Zum Beispiel: „Ich werde jetzt eine Woche lang ein bestimmtes Stichwort an immer der gleichen Stelle der Arie einsetzen, um den Fokus so zu lenken, dass ich es schaffe, während des hohen Tons tief im Körper zu bleiben." Setzt dein Verstand dieses Stichwort am Ende des Zeitraums automatisch ein, und hilft es dir dabei dein Problem zu bewältigen, hast du dein Ziel erreicht.

- Finde heraus, welche Stichworte und Phrasen am ehesten die entsprechende Reaktion in dir hervorrufen, um dein Ziel für die Arie zu erreichen. Möchtest du eine bestimmte Phrase auf einen Atem singen, könnte ein mögliches Stichwort so etwas wie „tiefer Atem" oder „Flow" sein. Möchtest du eine bestimmte hohe Note pianissimo singen, hilft vielleicht „schwebend" oder „silbern". Häufig haben dynamische oder harmonische Zustände eine bestimmte Farbe. Was wäre eine passende Farbe?

Pavarotti war berühmt dafür, Elemente der Sinneswahrnehmung wie z.B. Farben als Stichworte zu nutzen, um zu beschreiben, wie ein spezieller Ton klingen sollte. Für ihn hatte ein hohes C eine spezifischere Farbe als nur Rot oder Purpur: Rot war Purpur-Rot oder Bordeaux, Purpur konnte auch Amethyst, Violett oder Flieder sein. Das verleiht dem Ton mehr Feinheit und Tiefe.

Manche Stichworte sind eher mental oder be-schreiben Gefühle: „entspannen", „leicht", „frei", „strömend". Andere sind eher physisch oder technisch: „Zunge vor", „sitzen", „hoher weicher Gaumen", „lockerer Unterkiefer" etc.

Stichworte können z.B. sein: Adjektive, Verben,

Adverbien, Worte der Sinneswahrnehmung, Gerüche, Struktur, Farbe, Geschmack, usw. Wenn es beschreibt, *was* du tun oder vermitteln möchtest und *wie* du das tun möchtest, kann das Stichwort hilfreich sein.

AB 11: „Arien-Stichworte", S. 140

4. Die letzte Übung für heute wird sein, dir eine **Auftrittsumgebung** für jede Arie zu schaffen. Dazu gehört auch, das Umfeld, das Ambiente deiner Bühnenfigur im Augenblick der Arie zu analysieren.

   Es ist wichtig zu wissen, warum die Bühnenfigur die Arie in diesem Moment singt. Wie ist ihr emotionaler Zustand in diesem Augenblick?

   Wie sieht ihre Umgebung aus? Wie spät ist es? Welche Jahreszeit? Ist sie allein? Falls nicht: Wer ist noch da und in welcher Beziehung stehen sie zu deiner Bühnenfigur? Was drückt die Musik aus?
   Genauso wichtig ist das äußere Erscheinungsbild deiner Bühnenfigur. Wie alt ist sie? Ist sie gesund oder krank oder irgendwie eingeschränkt? Was sagt die Musik dazu? Wie kannst du die Rolle körperlich ausfüllen?

AB 12: „Erschaffen der Auftrittsumgebung und Analyse der Bühnenfigur", S. 148

   Welche Stichworte kommen dir in den Sinn, wenn du dir deine Bühnenfigur vorstellst, während sie singt? Ist sie fröhlich oder begeistert? Ist sie verängstigt oder resigniert oder beides? Fühlt sie sich nicht wohl in ihrer Haut oder ist sie aufgeregt? Stoisch, würde-voll?

Hat sie Hunger oder friert sie? Ist sie privilegiert oder arm? Welche Emotionen hat deine Bühnenfigur? Wie setzt du diese körperlich um? Haben die Bühnenfigur und du das gleiche Geschlecht? Was ist deiner Bühnenfigur bis hierher widerfahren?
Alle diese Erfahrungen beeinflussen, wer deine Bühnenfigur ist und spielen eine Rolle für deine Auftrittsumgebung.

Schreibe vier bis sechs Stichworte oder Sätze auf, die die Umgebung und den emotionalen und physischen Zustand deiner Bühnenfigur beschreiben.

AB 13: „Schlüsselbegriffe für die Auftrittsumgebung", S. 156

Betrachte deine Liste noch einmal und kreise die Worte ein, die dich am meisten ansprechen.
Das sind die Schlüsselbegriffe für deine Auftrittsumgebung. Bevor du deine Arie im Aufführungsmodus singst, nimm dir einen Augenblick Zeit, um dich an diese

Schlüsselbegriffe oder Sätze zu erinnern und die Emotionen, Bewegungsmuster, Posen, Gesten usw. wachzurufen.

Tag 28

Heute beginnst du mit dem **bewussten Üben**, wie ich es nenne. Beim **bewussten Üben** beginnst du die Übungseinheit, indem du in dich gehst, dich zentrierst und Absichten und Ziele festlegst. Während der

Übungseinheit arbeitest du mit diesen Zielen. Denke daran, die Einheit aufzuzeichnen.

Zentriere dich und lege das Ziel für die heutige Übungseinheit fest. Konzentriere dich auf die Stichworte, die du als hilfreich erachtest, um die Ziele für deine erste Arie zu erreichen. Atme ein und aus während du an die Stichworte denkst, die dir technisch, mental oder physisch helfen sollen.

1. Zeichne die Einheit auf.
2. Suche zwei Arien aus, mit denen du heute arbeiten möchtest.
3. Übe, die Stichworte oder Sätze in dein Singen zu integrieren.
4. Übe nur die Stellen der Arie, die du verbessern möchtest. Beginne ein paar Takte vor der entsprechenden Stelle und übe so lange, bis du eine Verbesserung spürst.
5. Wiederhole das gleiche auch für die zweite Arie.
6. Mache eine kurze fünf- bis zehnminütige Pause, und verlasse dazu den Übungsraum. (Lasse den Rekorder dabei eingeschaltet.) Bevor du wieder in den Raum gehst, zentriere dich mit der Absicht einen Durchlauf beider Arien im Aufführungsmodus zu schaffen. Denke noch außerhalb des Raumes an die Stichworte für deine Ziele, und an welchen Stellen du sie während des Singens abrufen möchtest. Besinne dich auch auf die Schlüsselbegriffe für deine Auftrittsumgebung bevor du den Raum betrittst.
7. Gehe wieder in den Übungsraum, baue dir deine Auftrittsumgebung und singe die erste Arie im Aufführungsmodus ganz durch – ohne Unterbrechung. Nimm dir einen Augenblick Zeit, um dir die Stichworte für die Ziele der zweiten Arie ins Gedächtnis zu rufen, baue deine

Auftrittsumgebung auf und singe auch die zweite Arie auf die gleiche Weise durch.
8. Schreibe auf, was dir aufgefallen ist. Ist es dir gelungen, dich ganz auf deine Auftrittsumgebung zu konzentrieren? Gab es Aufmerksamkeitslücken? Wo? Ist es dir gelungen, die Stichworte an den geplanten Stellen abzurufen? Brauchst du sie schon früher? Später? War dein Körper irgendwo verspannt?
9. Beende die Übungseinheit und beende die Aufnahme.
10. Mache eine Pause, höre die Aufnahme ab und passe deine Ziele entsprechend an. Lege Ziele für die morgige Einheit fest. Woran musst du am meisten arbeiten? Wie viel Zeit brauchst du dafür?

Tag 27

Wiederhole die gestrige Übungseinheit mit denselben Arien und allen Veränderungen der Ziele, die du gestern festgelegt hast. Beginne die Einheit mit dem Zentrieren und konzentriere dich auf die Stichworte, die dir gestern geholfen haben. Passe die Stichworte falls nötig an.

Tag 26

Heute arbeitest du mit den verbliebenen zwei Arien auf die gleiche Weise wie mit den ersten beiden.

Tag 25

Wiederhole die gestrige Übungseinheit mit all jenen Veränderungen, die du gestern vorgenommen hast.

Tag 24

Bestätige noch einmal die Termine für diese Woche mit deinen Zuhörern und deinem Begleiter. An Tag 22 wirst du vor ihnen singen.

Fokuswechsel

Heute lernst du eine letzte Übung kennen, die für die Präsentation der Arien wichtig ist. Du lernst die richtigen Stellen für einen Fokuswechsel in der Arie zu erkennen und sie ein oder zwei Schläge vorher einzuleiten durch leichte Veränderungen des Blicks, deiner Haltung oder Kopfposition.

Dies mag zu Anfang etwas kontrolliert oder geplant erscheinen, ist aber nichts anderes als das, was du tagtäglich während einer Unterhaltung ganz natürlich sowieso tust. Erst denkst du - *dann* handelst du. Während du nachdenkst, sind deine Augen manchmal nicht fokussiert: sie blicken in die Ferne; wenn du redest, verändert sich die Stellung deines Kopfes, deine Augen fokussieren sich in bestimmten Momenten auf deinen Gesprächspartner, auf ein Objekt oder in eine bestimmte Richtung. Das hängt
davon ab, was du ausdrücken möchtest.

1. Denke dir die Arie als normale Konversation mit jemandem oder mit dir selbst. Müsstest du die Worte sprechen statt sie zu singen, wo gäbe es

Fokuswechsel? Wann würde dein Körper diese Veränderung ausführen? In normalen Unterhaltungen denkst du zuerst, dann bereitest du die Aussage vor und schließlich sagst du es. Versuche das Gleiche auch während des Singens und deine Interpretation wird realistischer und bekommt eine tiefere Bedeutung.
2. Nutze die Musik, um die passenden Stellen zu finden. Komponisten zeigen einen solchen Fokuswechsel häufig deutlich an durch harmonische oder rhythmische Veränderungen oder durch kleine musikalische Zwischen-spiele.
3. Markiere jetzt die Fokuswechsel deiner Bühnenfigur in den Noten. Wo fängt ein neuer Gedanke an oder nimmt eine neue Richtung? Wo wiederholt sich eine Phrase? Bei vielen Wiederholungen: Wie kannst du den Wiederholungen einen Sinn verleihen? Wie kannst du diese Fokuswechsel mit deinem Körper oder dem Blick vorbereiten? Das müssen keine großen Bewegungen sein. Die kleinen wirken sogar am besten! Eine leichte Veränderung oder ein Kippen des Kopfes, eine kleine Handbewegung, eine Gewichtsverlagerung von einem Bein auf das andere wirken oft Wunder, um zu vermitteln, dass etwas Bedeutsames geschehen wird. Zeitpunkt und Intensität sind dabei das Wichtigste.
4. Übe das Fokussieren und die Fokuswechsel mit den Stichworten für die Ziele der Arie. Versuche, den Fokus so lange zu halten, bis der Wechsel in Musik oder Text erscheint.
5. Schreibe auf, wie gut dir die Fokuswechsel und deren Vorbereitung beim Üben gelungen sind.

Tag 23

In der zweiten Hälfte der Übungseinheit brauchst du deinen Begleiter.

In der ersten Hälfte der heutigen Einheit übst du nur an den Etappenzielen der vier Arien. Dann machst du eine Pause außerhalb des Übungsraumes, bevor du nach dem Zentrieren beschließt „Jetzt schaff' ich's!" und alle vier Arien im Aufführungsmodus durchsingst.

Dein Hauptziel sollte sein, die geplanten Stichworte, Fokuspunkte und Fokuswechsel jeder Arie zu verinnerlichen.

Vergiss nicht das Aufnahmegerät einzuschalten!

Tag 22: Probe-Vorsingen Nr. 1

Vor dem Probe-Vorsingen:

- Beginne diese Einheit wie immer, indem du dich zentrierst, dir für dein Probe-Vorsingen vornimmst „Jetzt schaff' ich's!".
- Singe dich mit den passenden Übungen ein.
- Lies dir noch einmal die **Auftritts-Affirmationen,** die **Stichworte** und **Fokus-Wechsel** der Arie durch, die du zuerst singen wirst.

Beim Probe-Vorsingen:

- Denke an Papier und Stifte für die Zuhörer, damit sie dir ein schriftliches Feedback geben

können. Lass die Zuhörer wissen, woran du diese Woche gearbeitet hast, und bitte sie besonders auf diese Dinge zu achten.
- Schalte das Aufnahmegerät ein.
- Erinnere dich an die Stichworte für deine Auftrittsumgebung, zentriere dich und nimm dir vor „Jetzt schaff' ich's!", bevor du den Raum oder die Bühne betrittst.
- Betrete den Raum und sage dein Stück so an, wie du es auch bei einem richtigen Vorsingen tun würdest.
- Die nächsten Stücke wird das Publikum auswählen.
- Nimm dir zwischen den Stücken genug Zeit, um dich wieder zu fokussieren und dir deine Auftrittsumgebung zu schaffen.

Nach dem Probe-Vorsingen:

AB 14: „Auswertung des ersten Probe-Vorsingens", S. 158

- Sammle die Feedback-Formulare ein und vergiss nicht, deinem Publikum zu danken.

- Schreibe nach dem Probe-Vorsingen genau auf, wie du dich vor, während und nach jeder Arie in Bezug auf die T-I-M-E Ziele gefühlt hast, an denen du die ganze Woche gearbeitet hast. Schreibe auf, was gut war, und woran du noch arbeiten musst. Versuche alle Beobachtungen positiv zu formulieren!

> Stell dir vor, du bist ein Profisportler, der nach einem großen Wettkampf oder Spiel ein Interview gibt: egal ob sie gewonnen oder verloren haben, Sportler schaffen es immer, den Dingen eine positive Wendung zu verpassen. Es gibt immer etwas Positives zu berichten, selbst wenn es nicht gut gelaufen ist, finden Sportler doch immer wieder eine positive Formulierung, um auszudrücken, woran sie noch arbeiten und was sie tun müssen, damit das nächste Spiel besser wird.

Beispiele

Stimmtechnik:
„Ich habe es geschafft, die Stichworte abzurufen, und sie haben mir in den schwierigen Passagen geholfen. Ich muss ein anderes Stichwort finden für das hohe B in..."

Innere Vorgänge:
„Am Anfang war ich aufgeregt und bereit gut zu singen. Ich konnte mir ins Gedächtnis rufen, was ich gut kann, und warum ich mich entschieden habe, diese Arie zu singen. Ich war immer noch sehr nervös. Ich muss daran arbeiten, meinen Adrenalin-Spiegel zu senken."

Mentale Führung:
„Im ersten Stück konnte ich meinen Fokus und meine Konzentration halten; ich habe beobachtet, dass meine Aufmerksamkeit zwischen den Stücken zu anderen Dingen wie: „Was denkt das Publikum gerade?" gewandert ist. Ich muss meinen positiven inneren Dialog trainieren, damit ich schnell wieder zurück auf

die richtige Spur komme."

Darstellerische Freiheit:
„In der zweiten Arie hatte ich Schwierigkeiten, mich an die Fokus-Stellen zu erinnern. Ich glaube, meine Körpersprache konnte nicht die ganze Zeit ausdrücken, wovon ich singe. Ich denke, dass mein Gesichtsausdruck besser mit dem übereinstimmte, was ich ausdrücken wollte als der Rest meines Körpers. Ich hatte einen trockenen Hals. Nächstes Mal muss ich daran denken, eine Flasche Wasser mitzunehmen."

Vergleiche deine eigenen Beobachtungen mit dem Feedback deiner Zuhörer.

Belohne dich für alle Schritte, die du diese Woche unternommen hast, um dein Endziel zu erreichen. Überlege dir, was du den Zuhörern am Ende der 30 Tage schenken kannst, um dich für die Zeit zu bedanken, die sie dir geschenkt haben!

Tag 21

Herzlichen Glückwunsch! Du hast die erste Woche überstanden und hart gearbeitet. Belohne dich mit einem freien Tag. Tue etwas, was dir Spaß macht, und denke heute nicht ans Singen!

Tag 20

Bestätige den Termin für das nächste Probe-Vorsingen an Tag 15 bei deinen Zuhörern.

An die Arbeit! Diese Woche wirst du dich ganz auf die mentalen Fähigkeiten konzentrieren, die du brauchst, um den Fokus aufrechtzuerhalten. Du stärkst deine mentalen Fähigkeiten, indem du während des Singens deine Emotionen und die sensorische Erinnerung anzapfst. Dadurch wird auch dein Fokus stärker.

Der Sinn des Singens ist, den emotionalen Gehalt von Musik und Text auszudrücken. Wenn du dich deiner Bühnenfigur näherst wie einem echten Menschen mit normalen menschlichen Fähigkeiten und Bedürf-nissen, wie auch du sie hast, wird es dir leichter fallen, die Essenz der Bühnenfigur in dir zu finden. Deine Sinne und deine Vorstellungskraft bieten dir eine Schatztruhe voller Möglichkeiten, die es zu er-forschen und bei der Interpretation zu nutzen gilt. Je mehr du übst, mit deinen emotionalen Impulsen und Reaktionen in Kontakt zu treten, desto authentischer wird deine Interpretation werden.

Wenn du an einem Stück arbeitest, ist es wichtig, die Emotionen der Bühnenfigur so auszudrücken, wie *du selbst* sie in einer ähnlichen Situation fühlen würdest. Vielleicht hast du noch niemals so etwas erlebt wie deine Bühnenfigur, aber du findest sicherlich ähn-liche Situationen, die in dir eine ähnliche emotionale Reaktion hervorrufen wie das, was deine Bühnenfigur gerade durchlebt.

Die innere Einstellung und Emotion finden

Mit den folgenden Übungen förderst du deine Selbsterkenntnis. Du wirst dir deines Verhaltens im Alltag bewusst, erkundest dein emotionales und sensorisches Gedächtnis und siehst, in welcher Be-ziehung sie zur emotionalen und physischen Realität

Erfolgreich vorsingen!

deiner Bühnenfigur oder des gesungenen Textes stehen.
Heute konzentrieren wir uns auf deine Gefühlserinnerung:
- Nimm die Antworten des **AB 12 „Erschaffen einer Auftrittsumgebung"**, um für zwei von den Arien herauszufinden, welche Emotionen die Bühnenfigur zum Zeitpunkt der Arie bewegen.

AB 15: „Tabelle Einstellungen und Emotionen", S. 163

AB 16: „Einstellungen und Emotionen", S. 165
- Gehe nun einen Schritt weiter und versuche die Stichworte zu ersetzen durch die Gefühls-erinnerung an eine Situation, in der du die gleichen Gefühle oder die gleiche innere Einstellung hattest wie deine Bühnenfigur. Singe die Arie, wenn du dir diesen Moment wachgerufen hast und dich dabei an das Gefühl erinnerst. Am Tag 19 werden wir darauf detaillierter eingehen.
- Schalte dein Aufnahmegerät ein. Konzentriere dich jetzt hauptsächlich auf die emotionale Verbindung zu dem, was du gerade singst. Hast du dich daran gewöhnt, versuche die Emotion mit den technischen Erfordernissen zu verbinden.
- Mache eine kurze Pause und wiederhole das ganze mit der zweiten Arie.

Tag 19

Jetzt gehen wir einen Schritt weiter und beschäftigen

uns mit dem Körpergedächtnis.

AB 17: „Training des Körpergedächtnisses", S. 173

- Nimm die Antworten über die Umgebung deiner Bühnenfigur vom **AB 12 „Erschaffen einer Auftrittsumgebung**..." vom Tag 29 zur Hand, und finde heraus, welche Aspekte die Sinne deiner Bühnenfigur beeinflussen.

- Finde für die beiden Arien von gestern Aspekte in der Umgebung deiner Bühnenfigur, die jeweils einen der fünf Sinne ansprechen: Tasten, Riechen, Schmecken, Hören, Sehen.

- Schreibe für jeden der fünf Sinne Situationen auf, die dein eigenes Körpergedächtnis ansprechen, und versuch, dir die Situationen wachzurufen, während du eine der Arien singst.

- Schalte dein Aufnahmegerät ein. Jetzt konzentriere dich ganz bewusst auf die Situation, die deine Gefühlserinnerung oder dein Körpergedächtnis geweckt hat, und sing die Arie bis zu der Stelle durch, an der die Sinneswahrnehmung oder die Emotion sich entscheidend ändert. Dann wechsle entweder zu einer entsprechenden Gefühlserinnerung oder bleib mental in der passenden Situation, während du die Arie zu Ende singst.

- Vergiss nicht, auch die Fokuswechsel weiterhin zu integrieren. Wiederhole die Arie und verändere dabei jeweils deine sensorische Erinnerung oder Emotion/Einstellung bis die Arie sich persönlich, echt und spontan anfühlt.

Probiere verschiedene Gesten aus, die zu der beim Singen gefühlten Emotion oder Einstellung passen und natürlich wirken. Jetzt ist auch der richtige Zeitpunkt, um einen Spiegel zur Hilfe zu nehmen.

Lege eine Pause ein. Zentriere dich und formuliere dein Ziel, bevor du weitermachst. Schalte dein Aufnahmegerät ein. Ruf dir die Stichworte für den Anfang der Arie ins Gedächtnis und **singe die Arie im Aufführungsmodus** durch. Wiederhole das auch mit der zweiten Arie.

> Der Zugang zum Körpergedächtnis kann schwierig sein. In dem Fall helfen einige Stunden Schauspielunterricht weiter. Häufig hilft auch Bewegung, um das Körpergedächtnis anzusprechen und einen freien Ausdruck zu erreichen. Für einige Sänger ist möglicherweise auch ein Tanzkurs hilfreich und befreiend.

Tag 18

Wiederhole die Übungen von Tag 19 mit den übrigen beiden Vorsingarien.

Tag 17

Such dir zu Beginn der Übungseinheit die Gefühlserinnerung, Einstellung oder Emotion, auf die du dich an den entsprechenden Stellen und Fokuswechseln in deiner ersten Arie konzentrieren willst. Zentriere dich und leg Ziele für diese Arie fest.

Singe die Arie im Aufführungsmodus ganz durch; beachte dabei, wie gut es dir jetzt gelingt, den beabsichtigten Fokus zu erhalten.

Wiederhole diese Vorgehensweise für jede der drei verbliebenen Arien, mache zwischen den Arien kurze Pausen, um dich auf die neue Arie einzustellen und deine Beobachtungen zu notieren. Achte darauf, dass du auch Verbesserungen aufschreibst, die dir aufgefallen sind.

Tag 16

Plane heute Arbeit mit deinem Begleiter ein.

Schreib fünf Affirmationen für jede Arie auf. Diese Affirmationen sollten sich an den Verbesserungen orientieren, die du seit der **Ersten Aufnahme** gemacht hast. Verwende auch das Probe-Vorsingen-Arbeitsblatt und das Feedback, das du bekommen hast, um deine Affirmationen zu formulieren.

AB 18: „Affirmationen zu den Arien", S. 176

Lege diese Affirmationen auf dein Klavier, an dein Bett, in die Notenmappe, wo auch immer du sicher sein kannst, sie während des Tages zu sehen. Lies sie morgens laut vor dem Spiegel, abends laut vor dem zu Bett gehen. Das trainiert die mentale Führung, und du übst dich in positivem innerem Dialog.

- Singe dich ein.
- Schalte dein Aufnahmegerät ein, und verlass den Raum.
- Lies die Affirmationen für das Stück, das du singen willst.

- Zentriere dich und leg dein Ziel fest. Rufe dir die Stichworte für Körpergedächtnis und Einstellung ins Gedächtnis zurück.
- Nimm dir soviel Zeit wie du brauchst. Betrete den Übungsraum erst, wenn du dich zentriert und bereit fühlst.
- Betrete den Raum und sage die Arie an. Finde deinen Fokus, indem du ein Objekt unterhalb deiner Augenhöhe fixierst. Schaffe dir deine Auftrittsumgebung und gib deinem Begleiter ein Zeichen, wenn du soweit bist.
- Singe die erste Arie im Aufführungsmodus durch.
- Lasse den Begleiter die nächste Arie auswählen.
- Nimm dir Zeit, dir die Affirmationen und Stichworte für Auftrittsumgebung und Körpergedächtnis wieder ins Gedächtnis zu rufen, und zeige dem Begleiter, wenn du soweit bist. Singe die Arie im Aufführungsmodus durch.
- Lasse deinen Begleiter die nächste Arie aussuchen, und wiederhole den obigen Vorgang.
- Singe schließlich die vierte Arie im Aufführungsmodus.
- Mache eine kurze Pause und besprich mit deinem Korrepetitor/Begleiter, woran du noch arbeiten musst. Schreibe diese Punkte auf, und schalte dein Aufnahmegerät ab.

Tag 15: Probe-Vorsingen Nr. 2

Vor dem Probe-Vorsingen:

- Beginne wie immer mit dem Zentrieren und nimm dir für das Probe-Vorsingen vor: „Jetzt

schaff' ich's!".
- Singe dich mit den entsprechenden Übungen ein.
- Lege Papier und Stifte bereit, damit das Publikum seine Kommentare auf die Feedback-Formulare schreiben kann, die du zur Verfügung stellst.

Während des Probe-Vorsingens:

- Zeichne das Probe-Vorsingen auf. Zentrier dich und nimm dir vor: „Tu's einfach! – Jetzt schaff' ich's!"
- Rufe dir die **Affirmationen**, die **Stichworte** und **Fokuswechsel** der Arie ins Gedächtnis, die du zuerst singen wirst.
- Betritt den Raum, und kündige deine erste Arie an.
- Erweitere deine Auftrittsumgebung um die Aspekte der Sinneswahrnehmungen, Einstellungen und Emotionen, an denen du die letzten vier Tage gearbeitet hast. Entschließ dich: „Tu's einfach! – Jetzt schaff' ich's!".
- Konzentriere dich am Ende jeder Arie sofort auf die Umgebung der nächsten Arie. Lass dich nicht dazu hinreißen, das gerade Gesungene zu bewerten. Dafür ist später Zeit. Richte deinen Fokus sofort auf das nächste Stück, die nächste Rolle und die damit verbundenen emotionalen und sensorischen Gegebenheiten. Entschließe dich schnell: „Tu's einfach – Jetzt schaff' ich's!", und dann singe die nächste Arie.

Nach dem Probe-Vorsingen:

- Danke deinen Zuhörern nach der Aufführung

Erfolgreich vorsingen! 59

für ihre Unterstützung, und sammle die Feedback-Formulare ein.
- Schreibe nach dem Probe-Vorsingen genau auf, wie du dich vor, während und nach jeder Arie in Bezug auf die T-I-M-E Elemente der optimalen Aufführung gefühlt hast.

AB 19: „Auswertung des zweiten Probe-Vorsingens", S. 178

- Schreibe für jede Arie genau auf, wie du die Aufführung gefunden hast, gerade auch in Bezug auf die T-I-M-E Elemente, an denen du die letzte Woche gearbeitet hast. Achte dabei darauf, dass du sowohl das Gute als auch das aufschreibst, woran du noch arbeiten musst. Versuche alle deine Beobachtungen positiv zu formulieren!

- Vergleiche deine Beobachtungen mit dem Feedback des Publikums und der Aufnahme.

Tag 14

Herzlichen Glückwunsch, die Hälfte von *„Erfolgreich Vorsingen!"* hast du schon geschafft.

Heute kann sich deine Stimme erholen, und du trainierst mit Visualisierungsübungen, dir deinen Auftritt bildlich vorzustellen.

Übung: Stelle dir deinen Auftritt bildlich vor, visualisiere ihn wie eine Kinovorschau, die du als Zuschauer siehst.

- Zentriere dich!
- Lege dein Ziel fest: „Ich sehe, wie ich meine erste Vorsingarie bestmöglich singe!"
- Finde einen Fokuspunkt für deinen Blick (Bühne, Beuge des Flügels).
- Beobachte, wie du die Bühne oder den Raum betrittst.
- Höre und sieh dich die erste Arie ansagen.
- Schau dir zu, wie du dir deine Auftrittsumgebung schaffst und an deine Stichworte denkst.
- Stelle dir vor, wie du einatmest, deine Stützmuskulatur aktivierst und einsetzt.
- Hör dich mit deinem besten Klang singen, und beobachte deine Körpersprache.
- Hör die gesamte Arie mit deinem inneren Ohr, fühle und akzeptiere das gute Gefühl, 90% deines Ziels erreicht zu haben.

Findest du es schwierig, dir vorzustellen, wie du die ganze Arie ohne Unterbrechung von Anfang bis Ende durchsingst, wiederhole die Übung, und stelle dir die mentale Aufführung in Abschnitten vor.

- Nutze die Fokuswechsel als „Schnitte". Beginne mit dem Zentrieren und lege als Ziel fest, dir selbst dabei zuzusehen, wie du die Arie in Abschnitten singst von Fokuswechsel zu Fokuswechsel.

- Bist du auf diese Weise bis zum Ende der Arie gekommen, fange von Vorne an und wiederhole den Ablauf bis zum Ende der Arie, indem du jetzt zwei bis drei Fokuswechsel zusammenfasst.

- Wiederhole den Ablauf bis du die ganze Arie ohne Unterbrechung mental durchsingen kannst.

Falls du dich Fehler machen oder technische Fehler während des mentalen Durchlaufs korrigieren siehst:

- Halte direkt nach dem Fehler oder der Konzentrationslücke an, und beginne kurz vor der Problemstelle in langsamerem Tempo noch einmal. Wiederhole diese Stelle mehrmals, genau wie du es beim normalen Üben auch tun würdest.

- Übe jetzt im richtigen Tempo und wiederhole es dreimal.

- Beginne das Stück von Vorne und übe es im Tempo bis zum Ende. Schau dir dabei zu, wie du die schwierige Stelle perfekt im richtigen Tempo bis zum Ende durchsingst.

Wiederhole diese Übung mit den anderen Arien.

Tag 13

1. Singe dich ein.

2. Starte dein Aufnahmegerät.

3. Verlasse den Raum und erhöhe deinen Adrenalinspiegel. Das kannst du erreichen durch: einige Minuten lang auf der Stelle laufen, den „Hampelmann" machen oder etwas Anderes, das deinen Pulsschlag erhöht. Die Idee

dahinter ist, eine Situation zu simulieren, in der dein Energielevel höher ist als unter normalen Auftrittsbedingungen.

4. Beginne sofort mit deiner Zentrierungsübung, indem du dich auf die Atemregulation und den Atemrhythmus konzentrierst. Mache das nicht länger als eine Minute. Formuliere dein Ziel „Jetzt schaff' ich's!". Rufe dir schnell die zwei oder drei Stichworte ins Gedächtnis, die dich am schnellsten in deine Auftrittsumgebung versetzen.

5. Betrete den Raum, sag die Arie an, und singe sie im Aufführungsmodus durch.

Wiederhole diese Vorgehensweise für die übrigen drei Arien; verlasse vorher jedes Mal den Raum, und treibe deinen Adrenalinspiegel hoch.

Bewerte auf einer Skala von 1 (nicht erfolgreich) bis 10 (sehr erfolgreich), wie gut du dich *rechtzeitig* bevor du den Raum betreten und singen musstest beruhigen konntest.
AB 20: „Adrenalinspiegel", S. 180

Tag 12

Bestätige Zeit und Ort für dein Probe-Vorsingen an Tag 8. Erinnere deine Helfer daran, diverse Störungen für das Probe-Vorsingen einzuplanen. Sofern möglich bitte die Zuhörer deines Probe-Vorsingens diese Woche einige Ablenkungen für deinen Auftritt einzuplanen. Achte darauf, dass du nicht zu viel darüber weißt, damit du tatsächlich „total überrascht" darauf reagieren kannst.

Mit Störungen umgehen

Jetzt lernst du Übungen kennen, die dir helfen, andauernde Ablenkungen ganz abzuschalten oder dich sofort wieder zu fokussieren, solltest du deine Konzentration verlieren. Heute wirst du mit Störungen in deiner Umgebung üben. Das ist auch Teil des Mentaltrainings vieler Top-Athleten. Am besten funktioniert diese Übung, wenn du die Ablenkungen allmählich steigerst; noch effektiver ist sie, wenn du Helfer für Überraschungseffekte mit einbeziehst. Erstelle eine Liste mit vier oder fünf unterschiedlichen Ablenkungen von „etwas ablenkend" bis „extrem ablenkend". Als Beispiele für solche Ablenkungen seien genannt: Hintergrundgeräusche einer Stereoanlage oder eines Fernsehers, ein Wecker, ein klingelndes Telefon, jemand, der an der Tür lauscht, einige Leute unterhalten sich im Raum oder nebenan, dein Begleiter spielt falsche Töne oder im falschen Tempo usw. Diese Woche wirst du in jede Übungseinheit eine oder mehrere dieser Ablenkungen einbeziehen.

> ➢ Wähle dir für heute ein paar Ablenkungen aus, und bereite sie vor. Zum Beispiel: Nimm deinen Wecker mit und stelle ihn so ein, dass er mitten in deiner Übungseinheit losgeht. Bitte einen Freund dich irgendwann während des Übens, auf dem Mobiltelefon anzurufen, und lass es klingeln; oder du bittest deinen Freund dich öfter anzurufen. Du kannst auch eine Schüssel mit verlockenden Süßigkeiten im Übungsraum abstellen, oder du stellst das Radio oder den Fernseher auf eine nervige Sendung ein.

> ➢ Zentriere dich und beschließe, in deiner Auftrittsumgebung zu bleiben, ohne dich

ablenken zu lassen.

- ➤ Schalte dein Aufnahmegerät ein.
- ➤ Singe dich mit den Einsingübungen für den „Schlimmsten Fall" (**AB 7**) ein.
- ➤ Singe die Vorsingarien durch.
- ➤ Ist es dir leicht gefallen, konzentriert zu bleiben, verstärke die Störungen, indem du mehrere gleichzeitig oder neue verwendest – was auch immer dich im Aufführungsmodus abzulenken vermag.
- ➤ Übe wie immer an deinen Etappenzielen, bevor du im Aufführungsmodus weitermachst.
- ➤ Beobachte, was geschieht, wenn die Störung beginnt. Erhöht sich dein Adrenalinspiegel? Treten Verspannungen auf? Wo? Was macht deine Konzentration? Konntest du dich fangen und sofort in deine Auftrittsumgebung zurückkehren? Falls nicht, welche Stichworte könnten dir helfen, zurück zu kommen? Schreibe alles für später auf und vermerke es im **AB 21 „Geplante Störungen"**.

AB 21: „Geplante Störungen", S. 182

Tag 11

Übe weiter mit Störungen, aber diesmal ziehe eine

unzerstörbare Grenze um dich herum. Diese Grenze ist besonders wichtig, wenn du mit Störungen konfrontiert wirst, die du nicht beeinflussen kannst wie z.B.: unangenehmes Geplauder, Geräusche, Zugluft oder andere wenig willkommene Dinge, die sich im Saal, in dem du singst und in deiner Blickrichtung abspielen.

> John*, ein bereits etablierter Sänger, war von einem großen deutschen Opernhaus zum Vorsingen für eine bestimmte Rolle eingeladen. Als er die Bühne betrat, irritierte ihn das Gekicher von einem der Zuhörer. Noch bevor er die Bühne richtig betreten hatte und sich selbst vorstellen konnte, war er total aus der Bahn geworfen. Er konnte sich nicht des Gefühls erwehren, dass diese Person ihn auslachte. Als er seine Arie ansagte, konnte er an nichts anderes denken als an dieses Gekicher, und das verfolgte ihn auch noch während des Vorsingens. Natürlich war seine Konzentration nicht wo sie sein sollte und schon war er aus seiner Auftrittsumgebung geworfen und wurde schließlich völlig verunsichert. Eine solche irritierende Situation ist ein typisches Beispiel für eine nicht beeinflussbare Störung. Wäre es ihm möglich gewesen, seine schützende Grenze aufzubauen, hätte er dieses Gekicher dorthin verbannen können, wohin es gehört: nach draußen, wo es nichts mit ihm zu tun hat und ihn somit auch nicht kümmern muss. Stattdessen ließ er sich durch das Gekicher beeinflussen, und fort war die Konzentration auf das, was für seinen Auftritt wichtig gewesen wäre. Deshalb verpatzte er diesen Auftritt.
> *Der Name wurde zur Wahrung der Privatsphäre geändert.

**AB 22: „Erschaffe dir einen geschützten Raum",
S. 183**

Die folgende Übung dient dem Aufbau einer Schutzvorrichtung, die es dir ermöglicht, dich unabhängig von Störungen und in ungünstigen Situationen zu konzentrieren.

Entscheide dich für eine Schutzvorrichtung des Arbeitsblattes, und beschließe konzentriert innerhalb dieser Grenze zu bleiben, während du die beiden Arien mit unterschiedlichen Störungen durchsingst – was auch geschieht. Wiederhole diese Arien mit den anderen Schutzvorrichtungen oder kombiniere sie, bis du dich unbesiegbar fühlst.

Tag 10

Plane ein, heute mit deinem Begleiter zu arbeiten.

Arbeite weiter mit allen vier Arien weiter an der Visualisierung deines Auftritts, der Adrenalin-Stimulation, den Störungen und Schutzmechanismen. Finde heraus, welche Störungen du schlechter ignorieren kannst. Möglicherweise kommen sie auch von Innen und sind nicht von äußeren Einflüssen abhängig: Diese sind häufig am schwierigsten zu ignorieren oder fernzuhalten.

Heute lernst du noch eine weitere Übung kennen, die mir für diese Art Störung besonders gut geeignet erscheint. Ich habe sie von Alma Thomas (Co-Autorin von: *Power Performance for Singers*) gelernt. Die Übung hat mir dabei geholfen, zu lernen, mich einer Störung erst zu einem späteren Zeitpunkt zuzuwenden. Die

Übung heißt **„Die Magische Schachtel"**.

AB 23: „Die Magische Schachtel", S. 184

Für diese Übung nutzt du deine Vorstellungskraft, um eine Störung für den Augenblick zur Seite zu schieben, mit dem Wissen, sie nicht zu ignorieren, sondern dich später darum zu kümmern, wenn du Zeit dafür hast.

Wirst du eine Störung nicht los, versuche sie in die magische Schachtel zu legen. Du wirst überrascht sein, wie gut diese einfache Übung funktioniert. Die magische Schachtel ist ein sicherer Aufbewahrungsort für alles, worum du dich im Augenblick nicht kümmern kannst. Du kannst es dort belassen, bis du die Gelegenheit dazu hast.

Tag 9

Singe heute nicht, sondern übe nur mit deiner **Vorstellungskraft**.

Heute probst du einen genauen Durchlauf:

> Stelle dir vor wie du dich einsingst, zentrierst und dein Ziel es unter allen Umständen durchzuziehen festlegst. Sieh dich selbst von deinem geschützten Raum umgeben und rufe dir ins Gedächtnis, wie gut du deine Arien beherrschst, und warum du so ein guter Sänger bist.

> Denke an die Stichworte für die Eröffnungsarie.

> Sieh dir zu, wie du den Raum betrittst, am Klavier stehst und deine Eröffnungsarie

ankündigst.

- ➢ Beobachte, wie du deine Aufmerksamkeit auf die Stichworte für die Auftrittsumgebung richtest.

- ➢ Stell dir die erste Einatmung, den ersten Ton vor. Genieße den Klang. Genieße den intensiven Fokus und die Fokuswechsel mit den unterschiedlichsten Farbnuancen und Phrasierungen mitzuerleben, an denen du so hart gearbeitet hast.

- ➢ Sieh wie selbstsicher und leicht du singst - insbesondere an den technisch schwierigen Stellen. Höre, wie du diese Phrasen „durchziehst" genau so, wie du es geübt hast.

- ➢ Stell dir die begeisterten, positiven Reaktionen des Publikums vor.

- ➢ Beobachte wie du gelassen wartest, bis du erfährst, was du als nächstes singen sollst. Dann baut deine Auftrittsumgebung von neuem auf. Du bist im Flow und singst einfach gut. Alles geht, wie du es dir wünschst. Du präsentierst dich in Bestform.

Beschreibe deinen Ideal-Auftritt

Fällt es dir schwer, dir diesen Auftritt vorzustellen, versuch dir deinen Lieblingssänger mit der gleichen Arie vorzustellen. Schaue dir in einem „mentalen Film" an, wie er die Arie wahrscheinlich singen würde.

Ersetze langsam das Gesicht des Sängers durch dein eigenes. Schaue dir selbst zu, wie du die Arie genau so singst wie er. Es ist wichtig, dass du dir auch vorstellst, wie gut es sich anfühlt gut zu singen! Stell dir vor, wie du alles unter Kontrolle hast, im Flow bist und gut rüber bringst, was du ausdrücken wolltest.

AB 24: „Das Drehbuch zum idealen Auftritt", S. 185

Tag 8:

Probe-Vorsingen Nummer 3 mit Störungen
Vor dem Probe-Vorsingen:

- Fange wie üblich mit dem Zentrieren und dem Festlegen des Zieles „Jetzt schaff' ich's!" an, egal was während des Vorsingens geschieht.

- Singe dich mit den entsprechenden Übungen ein.

- Denke an Papier und Stifte, damit das Publikum dir Feedback geben kann.

Während des Probe-Vorsingens:

- Schneide das Vorsingen mit. Zentriere dich und formuliere dein Ziel „Tu's einfach! Jetzt schaff' ich's!".

- Baue deine Schutzvorrichtung um dich herum auf, bevor du den Raum betrittst. Innerhalb dieser Grenze gibt es keine Störungen. Rufe dir in diesem Schutzraum ins Gedächtnis, was für eine Energie dir der mentale Durchlauf gestern gegeben hat. Erinnere dich auch daran, wie gut es sich angefühlt hat, alles umsetzen zu können, woran du gearbeitet hast. Rufe dir ein oder zwei Stichworte für die Auftrittsumgebung deiner ersten Arie ins Gedächtnis.

- Betrete den Raum und sage deine erste Arie an.

- Beschließe, die ganze Zeit in deinem schützenden Raum verankert zu bleiben, und vergiss, was draußen geschieht.

- Warte nach deiner Eröffnungsarie ruhig ab, welche Arie sie als nächstes hören wollen; konzentriere dich dann sofort auf die Auftrittsumgebung für diese Arie. Beschließe, wieder alles zu geben, um es zu schaffen, ganz gleich was passiert. Sollte doch eine Störung in deinen geschützten Raum gelangen, singe weiter im Aufführungsmodus und rufe dir schnell das eine oder andere Stichwort in Erinnerung. Denke nur daran, wo du im Augenblick bist und widerstehe der Verlockung, über das Geschehene nachzudenken. Wiederhole diesen Vorgang, was auch immer dich ablenken mag. Das wird mit der Zeit immer leichter.

Nach dem Probe-Vorsingen:

- Bedanke dich am Ende beim Publikum für seine Unterstützung und Feedback.

- Schreibe nach dem Probe-Vorsingen genau auf,

wie du dich vor, während und nach jeder einzelnen Arie in Bezug auf die T-I-M-E Elemente der optimalen Aufführung gefühlt hast.

AB 25: „Auswertung des dritten Probe-Vorsingens", S. 186

- Mache detaillierte schriftliche Notizen darüber, wie du die Aufführung jeder Arie gefunden hast, in Bezug auf Störungen, denen du ausgesetzt warst, oder die aus deinem Inneren an die Oberfläche getreten sind. Sei detailliert, und denke daran, sowohl aufzuschreiben, was gut war als auch, woran du noch arbeiten musst. Versuche alle deine Beobachtungen positiv zu formulieren!

- Vergleiche deine Beobachtungen mit dem Feedback des Publikums und der Aufnahme.

Was man bis zum Tag des Vorsingens tun und lieber lassen sollte

Herzlichen Glückwunsch! Du hast die Zielgerade von *Erfolgreich Vorsingen!* erreicht. Bist du aufgeregt?

Die letzte Woche des **30-Tage Countdowns** mündet im Idealfall in ein echtes Vorsingen. Hast du keine Möglichkeit, an einem echten Vorsingen teilzunehmen, mache eine Demoaufnahme, die du dann zusammen mit deinen Bewerbungsunterlagen für Wettbewerbe und Vorsingen verwenden kannst, bei denen du eine Aufnahme benötigst. Diese Aufnahme kannst du auch zur Vorstellung bei diversen Agenten oder Dirigenten verwenden.

Wenn du diese Demoaufnahme machst, nimm sie in einem Rutsch auf – ohne Unterbrechung oder Korrektur. Du kannst auch dein eigenes Vorsingen organisieren, indem du Freunde, Familie und deine Helfer und Mentoren einlädst.

Hast du für die Zukunft bereits ein Vorsingen geplant, mache die Übungen weiter, verfeinere deine Ziele und aktualisiere die Auftritts- und Arienstichworte an den Tagen vor dem Vorsingen.

Diese Woche wirst du dich mehr auf die Erhaltung deiner Energie konzentrieren, damit du am großen Tag in bestmöglicher körperlicher und stimmlicher Verfassung bist.

Du wirst viel weniger singen und dich mehr auf die für eine optimale Leistung notwendige mentale innere Stärke konzentrieren.

> 1. Nutze alle dir zur Verfügung stehenden positiven Bilder. Sieh und höre dich selbst, wie du: deine Sache gut machst, voller Selbstvertrauen singst, dir deine Auftrittsumgebung schaffst und darin bleibst, deine Auftritts- und Arienaffirmationen wiederholst und dich mit positiven inneren Dialogen an deine Fähigkeiten erinnerst. Du musst dich selbst davon überzeugen, dass du so singst, wie du es dir vorgenommen hast, und dass die Arbeit der letzten drei Wochen dir dabei

hilft, das zu schaffen. Deine mentale Einstellung ist der Schlüssel, um beim Vorsingen gut zu sein.

2. Setze dich nicht unter Druck, perfekt oder besser als jemals zuvor sein zu wollen. Nimm dir vor, 90% oder mehr deiner Möglichkeiten auszuschöpfen, versuche aber nicht die 100% zu schaffen. Der Druck, besser sein zu wollen als jemals zuvor, wird dich daran hindern, einfach *gut* zu sein. Diese besonderen Anstrengungen zwingen deinen Verstand, das gewohnte Terrain zu verlassen, und hindern ihn daran, einfach zu tun, was *notwendig* ist.

3. Gönne dir ganz viel Ruhe sowohl körperlich als auch stimmlich. Schlaf ist jetzt besonders wichtig für die Konzentration und Erholung. Schlafe jede Nacht mindestens acht Stunden. Übe mehr mental und nicht mit der Stimme. Deine Stimmlippen werden es dir mit Frische und Geschmeidigkeit beim Vorsingen danken. Dein Körper wird stark, fit und energiegeladen sein, und du bekommst genau die Extraportion Unterstützung, die du brauchst.

4. Singe nicht zu viel. Nutze mehr die mentalen Übungen, mit denen wir letzte Woche gearbeitet haben. Spare deine Energie auf, indem du nur die Dinge übst, die unbedingt geübt werden müssen; tue das zur gleichen Uhrzeit, an der auch das

Vorsingen geplant ist. Widerstehe am Tag vor dem Vorsingen dem Wunsch, die Arien noch einmal ganz durchzusingen. Ein mentaler Durchlauf ist jetzt effektiver als das eigentliche Singen. Durch bloßes Denken werden deine Muskeln so trainiert, als ob du wirklich sängest.

5. Überlege, was du anziehen möchtest, und packe deine Tasche für das Vorsingen. Ist das Vorsingen nicht in deinem Wohnort, packe alles ein, was du für einen guten Schlaf benötigst: Ohrstöpsel, einen warmen Schlafanzug, Hals- oder Nasenspray, Medikamente für Notfälle wie Nebenhöhlen- oder Halsentzündung, einen guten Regenschirm usw. Packe auch eine Flasche Wasser oder Saft, einen Imbiss, die Arbeitsblätter mit den Affirmationen und Stichworten, Noten für den Begleiter, die Adresse des Ortes, an dem das Vorsingen stattfindet, und eine extra Strumpfhose, bzw. ein Paar Socken ein. Wenn noch etwas zur Reinigung muss: Achte darauf, dass es ein paar Tage vor dem Vorsingen fertig wird! Bereite alles vor, wovon du denkst, dass du es am Tag des Vorsingens brauchen wirst.

6. Trinke keinen Alkohol und esse spät abends kein schweres Essen. Spätes schweres Essen belastet deinen Verdauungstrakt während des Schlafens besonders. Das kann den Schlafrhythmus durcheinander bringen. Alkohol trocknet den Körper und insbesondere die

Stimmbänder aus und verschlechtert Konzentration und Körperspannung.

7. Suche dir leichte Tätigkeiten, um dich abzulenken wie z.B. einen kurzen Spaziergang an der frischen Luft, einen guten Film (am besten etwas Leichtes oder Lustiges), ein gutes Buch in einem netten Café lesen usw.

8. Verabrede keine unnötigen Treffen oder Besprechungen, die auch bis nach dem Vorsingen warten könnten. Das bezieht sich auch auf Treffen mit Freunden, bei denen du zu viel Reden musst, und von vielen Leuten, Zigarettenrauch und Krankheitserregern umgeben bist. Jetzt ist die Zeit, allein zu sein, deine Grenzen zu ziehen, und dich nur auf das zu konzentrieren, was du brauchst, um gut zu sein.

Tag 7

Beginne den heutigen Tag mit dem Zentrieren, und formuliere das Ziel für den Tag des Vorsingens.

AB 26: „Meine Absichtserklärung für das Vorsingen", S. 191

Beginne ein Ess- und Schlaftagebuch zu führen.

AB 27: „Notizen zur Tagesroutine", S. 192

In dieser Woche musst du jede Nacht mindestens acht Stunden schlafen. Erholung ist das Wichtigste, um optimal zu singen. Beobachte, was du isst und bleibe die ganze Woche bei deiner Routine.

> - Mache eine Liste von den Dingen, die du zu Vorsingen mitnehmen musst. Hake diese Liste ab, wenn du deine Tasche packst.

AB 28: „Was brauche ich für das Vorsingen?", S. 198

> Bereite für den Fall unerwarteter Störungen, Konzentrationslücken oder Nervosität einen Notfallplan vor.

AB 29: „Notfallplan für unvorhergesehene Ereignisse", S. 199

> - mit dem Notfalleinsingprogramm, Affirmationen, positivem innerem Dialog, Stichworten, Adrenalin-Aufbau- und Abbauübungen usw. Diese Abläufe und Stichworte müssen auch unter extremen Bedingungen, sofort und mit wenig Zeit ohne große Anstrengungen, Konzentration und Vorbereitung funktionieren.

> - Überlege, was du anziehen möchtest, und lege es bereit. Jetzt ist Zeit für Waschen, Bügeln, Gänge zur Reinigung oder Einkäufe in letzter Minute. Sieh nach, ob deine Schuhe geputzt sind, und die Kleidung in Ordnung und falls nötig geändert ist. Probiere die Auftrittskleidung an. Frage eventuell jemanden um Rat,

dem du vertraust.

AB 30: „Kleiner Kleidungsknigge für Vorsingen", S.200

> **Einige Hinweise bezüglich der Noten für den Begleiter:**
> - Sorge um deiner selbst willen dafür, dass der Begleiter eine leicht lesbare Kopie deiner Noten bekommt.
> - Wenn du Originalnoten benutzt, stelle sicher, dass die Seiten gut umzublättern sind, und dass die Bindung bereits gebrochen wurde.
> - Wenn du Kopien benutzt, stelle sicher, dass alle Noten gut lesbar und die Seiten leicht umzublättern sind. Markiere „Striche" (Auslassungen) deutlich oder decke sie mit Papier ab.
> - Trage Dynamik, Tempi und andere wichtige Hinweise deutlich ein, wenn sie nicht bereits in den Noten stehen.
> - Benutze keine Klarsichthüllen, da sie stark blenden/reflektieren können.
> - Benutze keine losen oder aneinander getackerten Blätter.

Tag 6

Beginne deine Übungseinheit damit, dass du dir dein Einsingen *nur gedanklich vorstellst*. Nimm dafür das Einsingprogramm, das du benutzt, wenn du viel Zeit hast und dich gut fühlst. Zentriere dich und nimm dir für heute vor „Jetzt schaff' ich's!". Singe dich jetzt wirklich ein, aber mit dem Programm, das du benutzt, wenn du wenig Zeit hast. Das sind jene Übungen, die deine Stimme am schnellsten aufwärmen. Es sollten nicht mehr als drei oder vier kurze Übungen sein.

Übe heute deine Eröffnungsarie und das schwierigste Stück im Aufführungsmodus *in Auftrittskleidung*. Verändere deine Kleidung danach, falls nötig.

Tag 5

Heute beurteilst du den Fortschritt, den du in Richtung deiner angestrebten Ziele gemacht hast. Dabei bewertest du jeden Fortschritt, den du in den Arien und im Allgemeinen bezüglich deiner Auftrittsfähigkeiten gemacht hast. Sei bei dieser Übungseinheit besonders wachsam, deine positive Energie und die positiven inneren Dialoge beizubehalten. An diesem Punkt beginnen häufig die Selbstzweifel. Das ist normal, aber jetzt hast du die Werkzeuge, um negative Energie in positive umzuwandeln. Also bleib gelassen! Konzentriere dich besonders auf die Fortschritte und Verbesserungen, die deine Helfer und du wahrgenommen haben.

> ➤ Nimm die **Erste Aufnahme** von Tag 30, die Aufnahmen der drei Probe-Vorsingen und die Arien-Bewertungsbögen **(AB 9 und 10: „Einschätzung der Arien"** und **„Ziele für die Arien nach 30 Tagen")** mit deinen Endzielen zur Hand. Höre dir die Erste Aufnahme und die Probe-Vorsingen an. Lies dir noch einmal die Feedback-Formulare der Zuhörer und die Notizen durch, die du selbst nach den Probe-Vorsingen gemacht hast.

> Vergleiche danach mit dem Arbeitsblatt „**Einschätzung der Arien**", wie weit du dich bei jedem Probe-Vorsingen deinem Ziel genähert hast. Bilde dir eine Meinung mit Hilfe des Feedbacks, das du bekommen hast, deiner eigenen Beobachtungen nach den Probe-Vorsingen und der heutigen Beobachtungen nach dem Anhören der Aufnahmen.

AB 31: „Einschätzung des erreichten Niveaus", S. 204

> Erstelle eine endgültige Liste von Auftritts-Affirmationen basierend auf den Ergebnissen der letzten 3 Wochen. Nimm diese Liste mit zum Vorsingen.

AB 32: „Endgültige Affirmationen", S. 206

> Mache noch einmal die Magische-Schachtel-Übung, und versuche die letzten Störungen aufzulösen.

Tag 4

Heute brauchst du deinen Pianisten.

Sollte es möglich sein, besuche den Auftrittsort schon vor dem Tag des Vorsingens. Versuche ein Gefühl für den Raum und die Akustik zu bekommen. Stelle dich neben das Klavier und stelle dir vor, wie du gut singst und mit deinem Auftritt zufrieden bist. Nach Möglichkeit singe deine Eröffnungsarie einmal durch. Sollte das nicht gehen, nimm den Raum visuell auf.

Stelle dir vor, wie deine Stimme den Raum schön und mühelos ausfüllt.
Kannst du den Auftrittsort nicht aufsuchen, versuche die heutige **Probe in einem anderen Raum** mit anderen akustischen Verhältnissen abzuhalten. Probe nur eine halbe Stunde.

- Zentriere dich, und singe dich mit dem Einsingprogramm für den „schlimmsten Fall" ein. Nimm dir vor „Jetzt schaff' ich's!", was auch geschieht.

- Rufe dir die endgültigen Stichworte für die Eröffnungsarie in Erinnerung, umgebe dich mit deiner Schutzvorrichtung, und betrete den Raum.

- Kündige deine Arie an, und schaffe dir deine Auftrittsumgebung bevor du singst.

- Singe eine andere Arie aber *nicht* bis zum Ende.

- Aus der dritten und vierten Arie singe jeweils nur einen Abschnitt.

- Beende die Übungseinheit.

- Lege auf Basis dieser Übungseinheit deine endgültigen Arienstichworte fest; beschränke dich dabei auf ein Wort oder einen Satz je Arie.

AB 33: „**Endgültige Stichworte für die Arien**", S. 207

Tag 3

Heute wirst du Teile der Arien singen und dich dabei

auf die Fokuswechsel konzentrieren.

Beginne einen Takt oder eine Phrase vor dem Fokuswechsel und singe die Phrase bis zum Ende durch. Wiederhole das für alle Arien.

Wiederhole deine endgültigen Auftrittsaffirmationen vor einem Spiegel. Erinnere dich daran, dass diese Affirmationen auf den aufgenommenen Beweisen deiner Probe-Vorsingen, dem ehrlichen Feedback deiner Helfer und deinen eigenen Beobachtungen basieren. Sie beschreiben sehr real, was Du schon erreicht oder optimal ausgeführt hast!

> Es ist sehr wichtig, dass du am Ende der Übungseinheit deine Leistung so akzeptierst, wie sie im Moment ist. Du hast jetzt hoffentlich alle deine Ziele für den Auftritt erreicht. Wenn nicht, ist es jetzt das Wichtigste, dich auf das zu konzentrieren, was sich verbessert *hat* – welche Ziele du erreicht *hast*. Du musst dich jetzt auf das konzentrieren, was du für eine gute Aufführung im Augenblick zu bieten hast.
> *„Lasse nicht zu, dass das, was du noch nicht kannst, sich dem in den Weg stellt, was du KANNST!"*
> **Steven Cole,** *Tenor*

Tag 2

NICHT SINGEN

Heute wirst du nur **mentale Durchläufe** der Arien proben.
Schaue deine Noten nach Hinweisen durch und baue sie in deinen mentalen Durchlauf ein.

Mache einen mentalen Durchlauf deines gesamten Auftritts von Anfang bis Ende. Baue dieses Mal auch deine Ankunft am Auftrittsort ein. Sieh dich selbst den Raum betreten, in dem möglicherweise schon andere Sänger sind. Du bist freundlich, aber zurückhaltend. Du gehst im Geiste deine Affirmationen durch, deine Stichworte, zentrierst dich und beschließt „Jetzt schaff' ich's!" bevor du den Raum betrittst. Stell dir vor, wie du möglichen Ablenkungen begegnest, indem du deine Schutzmauer aufbaust. Bist du unterspannt, erhöhe deinen Adrenalinspiegel. Bist du zu aufgeregt, stell dir vor, wie du deinen Atem zentrierst.

Mache einen schönen Spaziergang an der frischen Luft. Schaue dir einen Film an, oder lies ein gutes Buch. Überprüfe noch ein letztes Mal deine Auftrittskleidung. Schlaf gut!

Tag 1: Singe erfolgreich vor!

Gratuliere!
Du hast es bis zum GROSSEN TAG geschafft!
Heute wird sich die harte Arbeit und die Mühe auf großartige Weise auszahlen.
Heute wirst du erfolgreich vorsingen.
Hier steht warum:

> ➢ Du hast dich vier Wochen damit beschäftigt Ziele zu formulieren, zu verfeinern, auf sie hin zu arbeiten; du hast dich mental vorbereitet, indem du deine Aufmerksamkeit und Konzentration verbessert und gelernt hast, sie bewusst zu steuern.

> ➢ Du hast das Vorsingen bereits drei Mal ab-

solviert und konntest deine Fähigkeiten jedes Mal besser steuern.

> Du hast daran gearbeitet, die positiven inneren Dialoge zu verbessern, und dich auf das Positive deines Singens zu konzentrieren.

> Du bist in dich gegangen und hast auf deine innere Stimme gehört, auf deine innere Kraft, die weiß, wie alle deine Ziele und Träume zu verwirklichen sind. Jetzt ist es Zeit zu VERTRAUEN. Vertraue darauf, dass du weißt, was zu tun ist, und wie es zu tun ist. Vertraue darauf, dass deine Arbeit erfolgreich war. Vertraue darauf, dass du erfolgreich vorsingen wirst!

> Nach dem Aufwachen, bevor du aufstehst: zentriere dich. Gehe in dich, und erinnere dich daran, warum du singst. Rufe dir ins Gedächtnis, welche positiven Wirkungen deine Stimme auf das Publikum und auch auf dich selbst hat. Erinnere dich an deine end-gültigen Auftrittsaffirmationen und wiederhole sie still für dich. Formuliere dein Ziel: Heute alles umzu-setzen, was du die letzten vier Wochen geübt hast - nichts mehr und nichts weniger.

Bleibe bei deinem Plan!
Behalte dein Ziel im Auge.

Beginne den Tag mit dem gleichen Ablauf wie die letzten sechs Tage. Nimm keine Veränderungen vor!

Bevor du zum Ort des Vorsingens gehst, überprüfe

noch einmal die Tasche mit den wichtigen Dingen für das Vorsingen. Überprüfe sie anhand deiner Liste. Stelle sicher, dass sie folgendes enthält:

- Noten für den Begleiter
- Eine Flasche Wasser oder Saft und einen Imbiss
- Notfallplan
- Endgültige Affirmationen
- Arienstichworte
- Einsingübungen für alle Fälle
- Liste der erreichten Ziele und Verbesserungen

Singe dich ein mit dem Einsingprogramm für op-timale Bedingungen.

Auf dem Weg zum Auftrittsort, spiele noch einmal deinen Film ab vom Betreten des Raumes bis zum Ende deines Auftritts.

> Wenn du den Raum betrittst, umgib dich mit deinem Schutzraum. Er wird dir vom Betreten bis zum Verlassen des Gebäudes eine große Hilfe sein.

> Halte die Liste mit den Affirmationen bereit, für den Fall, dass du viel Zeit haben solltest.

> Fühlst du Nervosität aufsteigen, zentriere dich und deinen Atem sofort, lies deine Affirmationen oder konzentriere dich auf die Liste mit den Dingen, die du gut kannst. Denke daran, tief zu atmen. Möglicherweise hilft es dir auch, an etwas zu denken oder etwas zu lesen, was mit dem Vorsingen gar nichts zu tun hat. Vielen hilft es, den Auftritt noch einmal mental durch zu gehen. In extremen Fällen lies deinen

Notfallplan.

Trete ins Rampenlicht!

Deine Zeit ist gekommen. Du bist bereit. Du weißt wie es geht. In den letzten vier Wochen hast du es unzählige Male gemacht. Dieses ist nichts Anderes! Eigentlich ist es Routine für dich!

- Formuliere dein Ziel.

- Zentriere dich schnell und steuere deinen Atem.

- Beschließe dein Bestes zu geben, um es zu schaffen, was auch geschehen mag.

- Rufe dir die Auftrittsstichworte oder -affirmationen ins Gedächtnis.

- Baue deinen Schutzraum auf.

- Betrete den Raum, sage deine erste Arie an, schaffe dir deine Auftrittsumgebung und fang an!

- Bleibe ruhig und gelassen während du abwartest, welche Arie sie als nächstes hören wollen, falls sie eine weitere hören möchten.

- Sammle dich sofort wieder und konzentriere dich auf die Stichworte für die nächste Arie. Du hast es schon häufig gemacht und wirst es noch einmal schaffen. Bleibe in der Gegenwart und widerstehe dem Drang über das nachzu-denken, was gerade geschehen ist. Denke nur an das, was du im Augenblick für die Arie, die du als nächstes singst, ausdrücken möchtest.

- Danke deinen Zuhören und geh.

- Spüre das Kribbeln in dir, weil du es unter den härtesten Bedingungen geschafft hast, gut zu singen. Belohne dich für die gute Arbeit. Genieße und feiere!

Nach dem Vorsingen

Beurteile deine Leistung beim Vorsingen

Schreibe ein/zwei Tage nach dem Vorsingen deine Beobachtungen auf, wie es gelaufen ist. Beschreibe auf dem **AB 34: „Auswertung des Vorsingens"** , S. 204 deinen Gesamteindruck darüber, wie gut es dir gelungen ist, „bei der Sache zu bleiben", dir deine Auftrittsumgebung zu schaffen, dir Hilfsmittel für die Konzentration ins Gedächtnis zu rufen etc. Schreibe in den beiden Spalten auf, was gut gelaufen ist, was nicht. Schreibe auf, was deines Erachtens dabei helfen kann, das zu verbessern, was nicht so gut gelaufen ist, wie du es dir vielleicht gewünscht hättest. Alma Thomas und Shirley Emmons raten dazu, alle negativen Bemerkungen zu deinen beim Vorsingen gemachten Erfahrungen durchzustreichen oder herauszuschneiden, wenn du dich mit ihnen beschäftigt hast (*Power Performance For Singers*, 1998.). Hebe dir die positiven Bemerkungen auf, um sie vor deinem nächsten Vorsingen noch einmal zu reflektieren.

AB 34: „Auswertung des Vorsingens", S. 208

Nachwort

Sei dir bewusst: Je mehr es dir gelingt, die **T-I-M-E Elemente** des optimalen Auftritts in dein tägliches Üben zu integrieren, desto leichter wird es sein, sie nach Belieben abzurufen.

Ob du jetzt diesen Job bekommst oder nicht hängt von vielen Dingen ab, die sich zu einem großen Teil deinem Einfluss entziehen. Das einzige, was du steuern kannst, ist, wie gut du deine **T-I-M-E** planst, um beim Vorsingen ins Rampenlicht zu treten und den Zuhörern all die **L-O-V-E** zu geben, die du zu geben hast. Hast du das geschafft, hast du dein Vorsingen gemeistert!

Arbeitsblätter

AB 1: „Absicht erforschen"

Wenn du eine ruhige Minute hast, setze dich hin, schließe deine Augen und atme einige Male langsam und tief ein und aus. Mache so lange weiter, bis dein Atemrhythmus sich beruhigt und entspannt hat. Nun stell dir einen Augenblick in der nahen Zukunft vor. Du bist glücklich und zufrieden mit dir. Betrachte dich selbst und deine Umgebung nun genauer und beantworte die folgenden Fragen:

1. Was hat dich so glücklich und zufrieden gemacht?

2. Worum geht es in deinem Leben?

3. Wie sieht ein typischer Tag in deinem Leben aus?

4. Wie gehst du mit den Menschen in deinem Leben um?

Forts. AB 1: „Absicht erforschen"

5. Was hast du verwirklicht oder erreicht?

6. Wie bist du so geworden, wie du bist?

7. Was hast du über dich selbst herausgefunden?

8. Was wünscht du dir für deine Zukunft?

AB 2: „Meine beabsichtigten Ergebnisse"

Formuliere vor dem Hintergrund des Arbeitsblattes „Absicht erforschen", welche Ergebnisse du in deinem Leben verwirklichen willst.

1. Was willst du wirklich?

2. Warum willst du es? Was bedeutet es für dich?

3. Was bringt es dir, das erreicht zu haben, was du willst?

4. Was wird es für dein Leben bedeuten?

5. Beschreibe wie du dich *fühlen* wirst, wenn du erreicht hast, was du wirklich willst.

Forts. AB 2: „Meine beabsichtigten Ergebnisse"

Bewahre dir das oben beschriebene Gefühl, indem du dir täglich ein wenig Zeit nimmst und dich für mindestens fünf Minuten wieder in dieses angenehme Gefühl hineinversetzt.

Verstärke dieses Gefühl mit Bildern aus Zeitschriften, mit Werbematerial von verschiedenen Opernhäusern und Produktionsfirmen und setze deinen Namen auf die Besetzungsliste. Lass deine Fantasie spielen und male dir die Welt so aus, wie du sie am liebsten hättest. Sieh alles ganz genau vor dir und beschreibe es bis ins letzte Detail.

AB 3: „Befreie dich von deinen Ängsten"

Diese Übung ist aus dem Buch *Focusing*, 1978 von Dr. Eugene T. Gendlin entnommen und bearbeitet. Dr. Gendlin hat die spezielle Technik des „Fokussierens" entwickelt, die im Wesentlichen „... ein Prozess ist, in welchem du mit einer bestimmten Art von innerem Körperbewusstsein ... einer *körperlich spürbaren Sinneswahrnehmung*" in Kontakt trittst. (*Focusing*, 1978)

Eine „erspürte Sinneswahrnehmung" ist anfangs ein vages körperliches Bewusstsein eines bestimmten Problems oder einer Situation, die sich dadurch verdeutlicht und sich eventuell verändert.

> „Wenn deine erspürte Sinneswahrnehmung sich verändert, *veränderst du dich* - und damit verändert sich dein Leben." (*Focusing*, S. 32)

Denk daran, dass eine erspürte Sinneswahrnehmung kein Gefühl ist, sondern eher die körperliche Wahrnehmung von etwas Bedeutsamem, das deine Aufmerksamkeit benötigt.

Das Fokussieren verläuft in sechs Schritten. Der Prozess bringt ein neues Körperbewusstsein mit sich und dieses Bewusstsein bewirkt einen Wandel oder eine Veränderung im Körper, die wiederum eine Veränderung deiner Perspektive nach sich zieht. Mit anderen Worten, wenn du dein Problem einmal körperlich erlebst und es sich dadurch wandelt, ist das Problem oft gelöst. Die Körperwahrnehmung hilft dir, deine Probleme, Blockaden und Ängste zu lösen. Versuche zu fokussieren, wann immer du dich blockiert oder nicht in der Lage fühlst, deinen Zielen näher zu kommen.

Vorbereitung auf die Fokussierungs-Übung

Nimm dir die Zeit und suche dir einen Ort, wo du für eine Weile in Ruhe sitzen kannst und nicht gestört wirst. Lege das „Befreie dich von deinen Ängsten Arbeitsblatt" und einen Stift neben dich. Mach es dir bequem und sorge dafür, dass dir warm ist und du dich körperlich und mental entspannen kannst.

Schritt 1
Beginne damit, dass du dir die Verwirklichung deiner Träume bewusst machst und vorstellst. Versuche alle Blockaden oder Ängste wahrzunehmen, die dir scheinbar im Weg stehen. Mache im Geiste eine Notiz, wenn sie auftauchen. Versuche aber, von ihnen unberührt zu bleiben. Wenn du sicher bist, dass du dir alles eingestanden hast und du dich damit wohl fühlen kannst, ist es Zeit für den nächsten Schritt.

Schritt 2
Frage dich nun, welches der Probleme auf deiner Liste dich in diesem Augenblick am meisten in Beschlag nimmt. Wenn du dich nicht entscheiden kannst, nimm einfach eines heraus, auf welches du deine Aufmerksamkeit richten kannst. Wenn du dieses Problem oder die Blockade oder Angst betrachtest, beobachte, wie sich dein Körper *anfühlt*. Frage dich, wie das Problem sich *anfühlt*. Beantworte die Frage nicht mit Worten, sondern spüre dem Problem und dem Sinn, der darin steckt, körperlich nach. Beende nun den inneren Dialog und versuche nicht, das Problem zu analysieren. Beobachte einfach, wie sich das Problem in deinem Körper anfühlt, während du es im Moment auf dich wirken lässt. Versuche, dieses Gefühl, das deine Aufmerksamkeit benötigt, genauer

im Körper zu lokalisieren. Es kann und wird wahrscheinlich sehr vage und subtil sein. Vielleicht ist es ein Engegefühl in deinem Hals oder ein Klumpen in deinem Magen. Es könnte ein beschleunigter Atem sein oder ein Gefühl von Enge, den Tränen nahe sein, Schwere, Ausdehnung, Gefühlstaubheit, Leere oder etwas Anderem. Ohne es zu verurteilen, es zu analysieren oder dich besonders darauf zu versteifen, nimm einfach wahr, dass es da ist, und sei eine Weile mit der erspürten Sinneswahrnehmung deines Problems.

Worauf willst du dich konzentrieren?
Wo in deinem Körper spürst du das Problem?

Wie fühlt es sich an?

> „Wenn du eine spürbare Sinneswahrnehmung eines Problems suchst, versuchst du, deinen Verstand das tun zu lassen, was er tut, wenn er das Gefühl für eine Person heraufbeschwört." (*Focusing*, S. 54)

Schritt 3
Wie würdest du die gefühlte Sinneswahrnehmung beschreiben? Finde ein Wort oder einen kurzen Satz, ein Bild, einen Klang oder eine Geste, um die Wahrnehmung zu beschreiben. Was kommt dieser Sinneswahrnehmung am nächsten? Wenn sich irgendetwas tut, etwas regt, sich intensiviert oder entspannt, während du beginnst, es zu beschreiben, dann bist du auf der richtigen Spur. Nimm dir die Zeit, mit dem Gefühl zu sein, bis du eine Beschreibung gefunden hast, die in dir eine Resonanz erzeugt und sich einfach richtig *anfühlt*. Wenn das geschieht, wirst du normalerweise einen Aha-Effekt spüren.
Etwas in dir hat sich dann verändert. Etwas in

Zusammenhang mit deiner gefühlten und gespürten Sinneswahrnehmung hat angefangen, sich zu verändern.

Welche Worte, Sätze, Bilder oder andere Arten von Beschreibungen fallen dir ein, wenn du dich auf die gefühlte Sinneswahrnehmung konzentrierst?
Welche Beschreibung fühlt sich für dich richtig an?

Schritt 4
Überprüfe die Beschreibung, von der du glaubst, dass sie der gefühlten Sinneswahrnehmung am nächsten kommt, vergleiche sie noch einmal mit dem Gefühl in deinem Körper. Spürst du noch immer eine Resonanz? Frage dich selbst noch einmal, ob deine Beschreibung richtig ist und spüre dem nach. Wenn du mit der Beschreibung richtig liegst, wirst du eine Art von Veränderung in deinem Körper spüren. Es könnte ein tiefer Atemzug sein, eine gefühlte Befreiung oder eine andere Art von Reaktion, die dir signalisiert, dass deine Beschreibung richtig ist. Wenn das nicht passiert, komme wieder auf die gespürte Sinneswahrnehmung zurück und versuche erneut zu spüren, wie sie sich anfühlt. Wiederhole den Prozess, dir eine neue Beschreibung einfallen zu lassen und lasse die gefühlte Sinneswahrnehmung auf dich wirken. Nimm dir Zeit und sei geduldig. Das alles ist Teil des Prozesses, einen Wandel herbeizuführen und den Weg zu deinem Erfolg zu ebnen.

Wenn die Beschreibung noch immer nicht wirklich passt, welche anderen Beschreibungen fallen dir ein, wenn du dich noch einmal auf die gefühlte Sinneswahrnehmung konzentrierst?

Schritt 5
Wenn du eine Veränderung oder eine Entspannung in deinem Körper erfahren hast, wende dich direkt an deine gefühlte Sinneswahrnehmung und frage sie, was sie braucht oder will. Zum Beispiel, wenn deine Beschreibung der gefühlten Sinneswahrnehmung von Enge in deiner Kehle „abgewürgt" lautet, frage den gefühlten Sinn, was an deinem Problem dich so „abgewürgt" fühlen lässt. Nachdem du die Frage gestellt hast, versuche nicht, sie intellektuell oder gedanklich zu beantworten. Tatsächlich sind die meisten Antworten, die dir sofort in den Sinn kommen, Antworten, die vom Kopf her kommen und nicht aus deinem Körper. Lass sie einfach vorüberziehen und, nachdem du noch mal deiner gefühlten Sinneswahrnehmung nachgespürt hast, frage sie wieder, was an deinem Problem es ist, das deine gefühlte Sinneswahrnehmung so abwürgt. Oder frage sie einfach, was sie braucht, um sich nicht so abgewürgt zu fühlen. Noch einmal, vermeide es, zu drängeln und schnelle Antworten zu erzwingen. Nimm dir Zeit und dein Körper wird dich mit einem eindeutigen Gefühl der Befreiung belohnen, mit einem Wohlgefühl und einem tieferen Verständnis dafür, was du tun kannst, um das Problem loszulassen. Es kann sein, dass du mehr als eine Sitzung brauchst, um zum Kern der gefühlten Sinneswahrnehmung vorzudringen. In diesem Falle, beende nun die Sitzung und komme darauf ein anderes Mal zurück.

Welcher Aspekt deines Problems gibt dir so ein Gefühl?

Was braucht deine gespürte Sinneswahrnehmung, um sich mit dem Problem besser zu fühlen?

Schritt 6
Begrüße das, was dir während deiner Fokussierungs-Sitzung aufgefallen ist. Nimm es an, wie du das Geschenk eines lieben Freundes annehmen würdest. Du musst es nicht mögen oder damit einverstanden sein, nimm es freundlich an. Es ist ein wertvolles Geschenk, das dich immer weiter bringen wird, wenn du deine Ängste erforscht und dich ihnen stellst. Schreibe alle Eindrücke, die du erlebt hast, von dieser Fokussierungs-Sitzung auf.

Wiederhole den Prozess mit deinen anderen Blockaden, auf die du auf dem Weg zu deinem angestrebten Ziel stößt.

AB 4: „Absichtserklärung"

**Nach Abschluss von *Erfolgreich Vorsingen! –
Der 30-Tage Countdown zum Abheben*, beabsichtige
ich,**

---,
Folgendes zu erreichen und verwirklichen:

Unterschrift _____

Datum _____

AB5: „Meine bisherige persönliche Bestleistung"

Rufe dir so detailliert wie möglich eine Aufführung oder Augenblicke einer Aufführung in Erinnerung, die du als deine persönliche Bestleistung bezeichnen würdest. Beschreibe, wie es sich angefühlt hat, „im Flow des Augenblicks zu sein".

Wie hat es sich angefühlt, im Flow der Aufführung zu sein?

Welche Sinneswahrnehmungen oder Emotionen hat es in dir ausgelöst, so gut zu singen?

Wie hat sich dein Körper angefühlt? Während des Singens? Vor dem Singen? Nach dem Singen?

Beschreibe deine Stimme, den Klang und dein Timbre. Beschreibe, wie sich deine Stimme während des Singens angefühlt hat und wie sie für dich geklungen hat.

Wie hat sich der Raum um dich herum angefühlt? Wie hast du dich in dem Raum gefühlt? In deinem Körper?

Welche Bilder oder Worte beschreiben diese Erfahrung am besten, die Weise wie du gesungen hast, deine Beziehung zu den anderen auf der Bühne usw.?

Wie hast du dich vorbereitet? Wie hast du den Tag der Aufführung verbracht?

Wie war dein Energiepegel an dem Tag auf einer Skala von 1 (träge) bis 10 (manisch)?

AB 6: „Auftrittsaffirmationen"

Schreibe eine Liste von positiven Aussagen, in der Gegenwartsform, die deine (besonderen) Fähigkeiten als Sänger und Darsteller beschreiben. (Nimm dabei Bezug auf Seite 82, und lasse dich vom **AB 5 „Meine bisherige persönliche Bestleistung"** inspirieren.)

1. _____
2. _____
3. _____
4. _____
5. _____
6. _____
7. _____
8. _____
9. _____
10. _____

AB 7: „Einsingübungen für alle Fälle"

Ideal: Beste Bedingungen, keine zeitlichen Einschränkungen, stimmlich gut in Form

1. _____
2. _____
3. _____
4. _____

Schnell: Übungen, die deine Stimme schnell aufwärmen

1. _____
2. _____
3. _____
4. _____

Schlimmster Fall: Übungen für stimmliche Ermüdung, nicht ganz auf der Höhe sein, trockene Kehle, extreme Nervosität, besondere stimmliche Schwierigkeiten

1. _____
2. _____
3. _____
4. _____

AB 8: „Auswertung der Ersten Aufnahme"

Beschreibe deine Beobachtungen und Eindrücke deiner Darstellung, **bevor** du dir die Aufnahme angehört hast. Erinnere dich, wie du dich gefühlt hast, während du die Arien gesungen hast, und beschreibe, wie du deine Leistung während des Singens wahrgenommen hast. Was lief gut? Was lief nicht so gut? Beschreibe körperliche Spannungen, die du beim Singen gespürt hast, deine Konzentrationsfähigkeit, deine Fähigkeit, dich von Fehlern schnell wieder zu erholen und sie loszulassen, negative Gedanken oder Gefühle, die auftauchten.

Allgemeine Eindrücke deiner Darstellung:

Besondere Eindrücke:

Arie 1 Titel: _____

Arie 2 Titel: _____

Arie 3 Titel: _____

Arie 4 Titel: _____

AB 9: „Einschätzung der Arien"

Schätze auf einer Skala von 1 (überhaupt nicht) bis 10 (durchgehend) ein, wie erfolgreich du jede deiner Arien von den **T-I-M-E-** Elementen (Stimmtechnik, Wahrnehmung innerer Vorgänge, Mentale Führung und Darstellerische Freiheit) der idealen Aufführung her gesehen, dargestellt hast. Die Zahlen stellen auch den Prozentsatz deines zuverlässig erreichten Aufführungsniveaus in jeder Arie dar.

Erste Aufnahme

Arie 1 Titel:

Stimmtechnik:
Berücksichtige stimmliche Qualität und Timbre, Diktion, Dynamik, Phrasierung, exakte Tonhöhe und rhythmische Genauigkeit, allgemeine technische und musikalische Fähigkeiten.

1 2 3 4 5 6 7 8 9 10

Bemerkungen:
Was hast du technisch gut gemacht?

Woran musst du technisch noch arbeiten? Gibt es bestimmte Stimmübungen, (Körper-) Entspannungsübungen oder etwas Anderes, was du tun kannst, um dich in diesem Bereich zu verbessern? Zähle sie auf.

Arie 1 Titel:

‐‐‐

Wahrnehmung innerer Vorgänge:
Überlege, ob deine Freude oder dein Engagement für das Singen deutlich wird. Ist ein Gefühl von Sicherheit in deiner Stimme zu hören? Drückst du den Text aus, oder singst du einfach nur Wörter? Wie gut gelingt es dir, zu vermitteln, was du in der vorgetragenen Arie sagen möchtest? Sind Verspannungen oder ein negativer innerer Dialog im Weg? Wie hast du dich beim Singen gefühlt?

1   2   3   4   5   6   7   8   9   10

Bemerkungen:
Wo ist es dir gut gelungen, zu vermitteln, warum du diese Arie singst? Konntest du Verspannungen und negative innere Dialoge erkennen und auflösen?

Woran musst du in dieser Hinsicht noch arbeiten? Was kannst du tun, um dich in diesem Bereich zu verbessern? Worauf musst du dich konzentrieren?

Arie 1 Titel:

Mentale Führung:
Überlege, wie gut du in der Lage warst, deine Aufmerksamkeit zu bündeln. Wie lange warst du während des Singens in der Lage, zwischen Phasen, in denen du dich auf ein Stichwort konzentrierst und eher lockeren, in denen du es hast laufen lassen, flüssig hin und her zu wechseln? Wie gut hast du es geschafft, deine Konzentration wieder auf das Stück bzw. deine Stichwörter zu richten, wenn irgendwelche Störungen oder Fehler deine Aufmerksamkeit abgelenkt haben? Wie gut konntest du deine Gedanken beherrschen und deinen inneren Dialog kontrollieren?

1   2   3   4   5   6   7   8   9   10

Bemerkungen:
Wie hat dir deine Mentale Führung während des Singens der Arie geholfen?

Woran musst du noch arbeiten, um deine mentale Führung zu verbessern? Wie viel Zeit musst du dafür einplanen?

Arie 1 Titel:
_____

Darstellerische Freiheit:
Überlege dir, wie erfolgreich du deine technischen Fähigkeiten nutzen konntest, die dramatische Situation deiner Bühnenfigur auszudrücken. Wie gut konntest du dein Verständnis und die Gefühle, die die Bühnenfigur deiner Meinung nach erfährt, ausdrücken? Wie oft kannst du die Gefühle, die du ausdrückst, auch *hören*?

1   2   3   4   5   6   7   8   9   10

Bemerkungen:
Welche Gefühle oder dramatische Situationen konntest du erfolgreich durch den Klang deiner Stimme vermitteln?

Welche Emotionen oder dramatischen Situationen würdest du gerne durch den Klang deiner Stimme ausdrücken können? Wie könntest du diesbezüglich deine Fähigkeiten verbessern?

Forts. AB 9: „Einschätzung der Arien"

Schätze auf einer Skala von 1 (überhaupt nicht) bis 10 (durchgehend) ein, wie erfolgreich du jede deiner Arien von den **T-I-M-E-** Elementen (Stimmtechnik, Wahrnehmung innerer Vorgänge, Mentale Führung und Darstellerische Freiheit) der idealen Aufführung her gesehen, dargestellt hast. Die Zahlen stellen auch den Prozentsatz deines zuverlässig erreichten Aufführungsniveaus in jeder Arie dar.

Erste Aufnahme

Arie 2 Titel:

Stimmtechnik:
Berücksichtige stimmliche Qualität und Timbre, Diktion, Dynamik, Phrasierung, exakte Tonhöhe und rhythmische Genauigkeit, allgemeine technische und musikalische Fähigkeiten.

1   2   3   4   5   6   7   8   9   10

Bemerkungen:
Was hast du technisch gut gemacht?

Woran musst du technisch noch arbeiten? Gibt es bestimmte Stimmübungen, (Körper-) Entspannungsübungen oder etwas Anderes, was du tun kannst, um dich in diesem Bereich zu verbessern? Zähle sie auf.

Arie 2 Titel:

Wahrnehmung innerer Vorgänge:
Überlege, ob deine Freude oder dein Engagement für das Singen deutlich wird. Ist ein Gefühl von Sicherheit in deiner Stimme zu hören? Drückst du den Text aus, oder singst du einfach nur Wörter? Wie gut gelingt es dir, zu vermitteln, was du in der Arie sagen möchtest? Sind Verspannungen oder ein negativer innerer Dialog im Weg? Wie hast du dich beim Singen gefühlt?

    1   2   3   4   5   6   7   8   9   10

Bemerkungen:
Wo ist es dir gut gelungen zu vermitteln, warum du diese Arie singst? Konntest du Verspannungen und negative innere Dialoge erkenne und auflösen?

Woran musst du in dieser Hinsicht noch arbeiten? Was kannst du tun, um dich in diesem Bereich zu verbessern? Worauf musst du dich konzentrieren?

Erfolgreich vorsingen!

Arie 2 Titel:
_____

Mentale Führung:
Überlege, wie gut du in der Lage warst, deine Aufmerksamkeit zu bündeln. Wie lange warst du während des Singens in der Lage, zwischen Phasen, in denen du dich auf ein Stichwort konzentrierst und eher lockeren, in denen du es hast laufen lassen, flüssig hin und her zu wechseln? Wie gut hast du es geschafft, deine Konzentration wieder auf das Stück bzw. deine Stichwörter zu richten, wenn irgendwelche Störungen oder Fehler deine Aufmerksamkeit abgelenkt haben? Wie gut konntest du, deine Gedanken beherrschen und deinen inneren Dialog kontrollieren?

1   2   3   4   5   6   7   8   9   10

Bemerkungen:
Wie hat dir deine Mentale Führung während des Singens der Arie geholfen?

Woran musst du noch arbeiten, um deine mentale Führung zu verbessern? Wie viel Zeit musst du dafür einplanen?

Arie 2 Titel:

Darstellerische Freiheit:
Überlege dir, wie erfolgreich du deine technischen Fähigkeiten nutzen konntest, die dramatische Situation deiner Bühnenfigur auszudrücken. Wie gut konntest du dein Verständnis und die Gefühle, die die Bühnenfigur deiner Meinung nach erfährt, ausdrücken? Wie oft kannst du die Gefühle, die du ausdrückst, auch *hören*?

1   2   3   4   5   6   7   8   9   10

Bemerkungen:
Welche Gefühle oder dramatischen Situationen konntest du erfolgreich durch den Klang deiner Stimme vermitteln?

Welche Emotionen oder dramatischen Situationen würdest du gerne durch den Klang deiner Stimme ausdrücken können? Wie könntest du diesbezüglich deine Fähigkeiten verbessern?

Forts. AB 9: „Einschätzung der Arien"

Schätze auf einer Skala von 1 (überhaupt nicht) bis 10 (durchgehend) ein, wie erfolgreich du jede deiner Arien von den **T-I-M-E-** Elementen (Stimmtechnik, Wahrnehmung innerer Vorgänge, Mentale Führung und Darstellerische Freiheit) der idealen Aufführung her gesehen, dargestellt hast. Die Zahlen stellen auch den Prozentsatz deines zuverlässig erreichten Aufführungsniveaus in jeder Arie dar.

Erste Aufnahme

Arie 3 Titel:
_____

Stimmtechnik:
Berücksichtige stimmliche Qualität und Timbre, Diktion, Dynamik, Phrasierung, exakte Tonhöhe und rhythmische Genauigkeit, allgemeine technische und musikalische Fähigkeiten.

1 2 3 4 5 6 7 8 9 10

Bemerkungen:
Was hast du technisch gut gemacht?

Woran musst du technisch noch arbeiten?
Gibt es bestimmte Stimmübungen,
(Körper-) Entspannungsübungen oder etwas Anderes, was du tun kannst, um dich in diesem Bereich zu verbessern? Zähle sie auf.

Arie 3 Titel:

Wahrnehmung innerer Vorgänge:
Überlege, ob deine Freude oder dein Engagement für das Singen deutlich wird. Ist ein Gefühl von Sicherheit in deiner Stimme zu hören? Drückst du den Text aus, oder singst du einfach nur Wörter? Wie gut gelingt es dir, zu vermitteln, was du in der Arie sagen möchtest? Sind Verspannungen oder ein negativer innerer Dialog im Weg? Wie hast du dich beim Singen gefühlt?

1   2   3   4   5   6   7   8   9   10

Bemerkungen:
Wo ist es dir gut gelungen, zu vermitteln, warum du diese Arie singst? Konntest du Verspannungen und negative innere Dialoge erkennen und auflösen?

Woran musst du in dieser Hinsicht noch arbeiten? Was kannst du tun, um dich in diesem Bereich zu verbessern? Worauf musst du dich konzentrieren?

Arie 3 Titel:
_____

Mentale Führung:
Überlege, wie gut du in der Lage warst, deine Aufmerksamkeit zu bündeln. Wie lange warst du während des Singens in der Lage, zwischen Phasen, in denen du dich auf ein Stichwort konzentrierst und eher lockeren, in denen du es hast laufen lassen, flüssig hin und her zu wechseln? Wie gut hast du es geschafft, deine Konzentration wieder auf das Stück bzw. deine Stichwörter zu richten, wenn irgendwelche Störungen oder Fehler deine Aufmerksamkeit abgelenkt haben? Wie gut konntest du, deine Gedanken beherrschen und deinen inneren Dialog kontrollieren?

1   2   3   4   5   6   7   8   9   10

Bemerkungen:
Wie hat dir deine Mentale Führung während des Singens der Arie geholfen?

Woran musst du noch arbeiten, um deine mentale Führung zu verbessern? Wie viel Zeit musst du dafür einplanen?

Arie 3 Titel:
_____

Darstellerische Freiheit:
Überlege dir, wie erfolgreich du deine technischen Fähigkeiten nutzen konntest, die dramatische Situation deiner Bühnenfigur auszudrücken. Wie gut konntest du dein Verständnis und die Gefühle, die die Bühnenfigur deiner Meinung nach erfährt, ausdrücken? Wie oft kannst du die Gefühle, die du ausdrückst, auch *hören*?

1   2   3   4   5   6   7   8   9   10

Bemerkungen:
Welche Gefühle oder dramatische Situationen konntest du erfolgreich durch den Klang deiner Stimme vermitteln?

Welche Emotionen oder dramatischen Situationen würdest du gerne durch den Klang deiner Stimme ausdrücken können? Wie könntest du diesbezüglich deine Fähigkeiten verbessern?

Forts. AB 9: „Einschätzung der Arien"

Schätze auf einer Skala von 1 (überhaupt nicht) bis 10 (durchgehend) ein, wie erfolgreich du jede deiner Arien von den **T-I-M-E-** Elementen (Stimmtechnik, Wahrnehmung innerer Vorgänge, Mentale Führung und Darstellerische Freiheit) der idealen Aufführung her gesehen, dargestellt hast. Die Zahlen stellen auch den Prozentsatz deines zuverlässig erreichten Aufführungsniveaus in jeder Arie dar.

Erste Aufnahme

Arie 4 Titel:

Stimmtechnik:
Berücksichtige stimmliche Qualität und Timbre, Diktion, Dynamik, Phrasierung, exakte Tonhöhe und rhythmische Genauigkeit, allgemeine technische und musikalische Fähigkeiten.

1   2   3   4   5   6   7   8   9   10

Bemerkungen:
Was hast du technisch gut gemacht?

Woran musst du technisch noch arbeiten? Gibt es bestimmte Stimmübungen, (Körper-)
Entspannungsübungen oder etwas Anderes, was du tun kannst, um dich in diesem Bereich zu verbessern? Zähle sie auf.

Arie 4 Titel:
_____

Wahrnehmung innerer Vorgänge:
Überlege, ob deine Freude oder dein Engagement für das Singen deutlich wird. Ist ein Gefühl von Sicherheit in deiner Stimme zu hören? Drückst du den Text aus, oder singst du einfach nur Wörter? Wie gut gelingt es dir, zu vermitteln, was du in der Arie sagen möchtest? Sind Verspannungen oder ein negativer innerer Dialog im Weg? Wie hast du dich beim Singen gefühlt?

1   2   3   4   5   6   7   8   9   10

Bemerkungen:
Wo ist es dir gut gelungen, zu vermitteln, warum du diese Arie singst? Konntest du Verspannungen und negative innere Dialoge erkennen und auflösen?

Woran musst du in dieser Hinsicht noch arbeiten? Was kannst du tun, um dich in diesem Bereich zu verbessern? Worauf musst du dich konzentrieren?

Arie 4 Titel:
_____

Mentale Führung:
Überlege, wie gut du in der Lage warst, deine Aufmerksamkeit zu bündeln. Wie lange warst du während des Singens in der Lage, zwischen Phasen, in denen du dich auf ein Stichwort konzentrierst und eher lockeren, in denen du es hast laufen lassen, flüssig hin und her zu wechseln? Wie gut hast du es geschafft, deine Konzentration wieder auf das Stück bzw. deine Stichwörter zu richten, wenn irgendwelche Störungen oder Fehler deine Aufmerksamkeit abgelenkt haben? Wie gut konntest du, deine Gedanken beherrschen und deinen inneren Dialog kontrollieren?

1   2   3   4   5   6   7   8   9   10

Bemerkungen:
Wie hat dir deine Mentale Führung während des Singens der Arie geholfen?

Woran musst du noch arbeiten, um deine mentale Führung zu verbessern? Wie viel Zeit musst du dafür einplanen?

Arie 4 Titel:

Darstellerische Freiheit:
Überlege dir, wie erfolgreich du deine technischen Fähigkeiten nutzen konntest, die dramatische Situation deiner Bühnenfigur auszudrücken. Wie gut konntest du dein Verständnis und die Gefühle, die die Bühnenfigur deiner Meinung nach erfährt, ausdrücken? Wie oft kannst du die Gefühle, die du ausdrückst, auch *hören*?

1   2   3   4   5   6   7   8   9   10

Bemerkungen:
Welche Gefühle oder dramatische Situationen konntest du erfolgreich durch den Klang deiner Stimme vermitteln?

Welche Emotionen oder dramatischen Situationen würdest du gerne durch den Klang deiner Stimme ausdrücken können? Wie könntest du diesbezüglich deine Fähigkeiten verbessern?

AB 10: „Ziele für die Arien nach 30 Tagen"

Schreibe deine ultimativen Ziele und Etappenziele für jede deiner Arien auf. Ermittle Übungen, Stichwörter oder kurze Sätze und andere Hilfsmittel und Techniken, die du einsetzen wirst, um deine Ziele zu erreichen. Beziehe dich dabei auf deine Einschätzung der **Ersten Aufnahme** und lass dich jetzt davon inspirieren.

Beispiel
Arie: Ach, ich fühl's

Stimmtechnik:
Ultimatives Ziel:
Das hohe B auf „Liebe" schweben zu lassen

Etappenziele für die erste Woche

1. Um das hohe B schweben zu lassen, täglich die folgenden Übungen machen:
   a. Mir vorstellen, den Vokal tiefer in meinen Körper fallen zu lassen, wenn ich in die hohe Lage gehe.
   b. Vokalisen üben, um den Vokal i zu modifizieren: 1-5-1, in Halbtonschritten aufsteigend.
   c. Übungen zur Modifizierung des Vokals i mit derselben Übung, dabei von i zu ü gehen.
2. Unerwünschte Spannung in meinem Kinn, der Zunge oder dem Hals und Nacken mit Hilfe folgender Übungen abbauen:
   a. Mir meinen Nacken lang oder aufrecht und weit vorstellen, wenn ich zu dem

Intervall auf „Liebe" komme.
- b. Mir einen Seufzer bzw. einen Atemstrom durch die Nase vorstellen, wenn ich mich dem hohen B nähere.
- c. Arpeggien 1-3-5-8-5-3-1 und erweiterte Arpeggien 1-3-5-8-10-8-5-3-1 auf „Jause" üben.

3. Hilfsmittel, Stichwörter und Übungen, die ich anwende:
   - a. Bilder/ Vorstellungen
   - b. Verringerung unerwünschter Spannungen

4. Stichwörter
   - a. „leicht"
   - b. „schwebend"
   - c. „sanft dehnen"

Mache eine Woche lang täglich für 10 Minuten Folgen dieser Übungen. Am Ende der 10 Minuten singe die Phrase, die zu dem hohen B führt, indem du das, was du geübt hast, verbindest. Übe mit verschiedenen Stichwörtern an verschiedenen Stellen vor der Phrase, um die richtige Kombination zu finden (an welcher Stelle der Arie du dich auf welches Stichwort konzentrieren musst), die dir die Resultate bringt, die du erreichen willst oder die dich zumindest näher an deinen idealen Klang bringt.

Erstelle deine Ziele für jedes der **T-I-M-E- Elemente** in allen vier Vorsingarien. Lass dich dabei von dem obigen Beispiel anregen.

Stelle sicher, dass du dir für jede Woche realistische Ziele setzt. Versuche, dein wöchentliches Arbeitspensum nicht zu überladen. Eine oder zwei Ziele pro T-I-M-E für jede Woche sind ausreichend.

Auswertung der Woche:

Werte am Ende jeder Woche aus, welche Fortschritte du gemacht hast, inwieweit du deine Etappenziele erreicht hast, die auf dein ultimatives Ziel hinführen. Entscheide, ob du Veränderungen vornehmen musst oder ob du auf dieselbe Art und Weise weitermachen willst. Besprich deine Ziele und die Auswertung mit deinem Gesangslehrer und Korrepetitor.

Bevor du anfängst, mache jeweils drei Kopien dieser Seiten, damit du sie nach der zweiten, dritten und vierten Woche aktualisieren und neu auswerten kannst.

Setze dir Ziele für jedes der **T-I-M-E-Elemente**.

Arie 1 Titel:

Stimmtechnik

Endziel:

Etappenziele:

Hilfsmittel und Übungen:

Auswertung der Woche:

Wahrnehmung innerer Vorgänge
(Gedanken, Gefühle, Körperwahrnehmung)

Endziel:

Etappenziele:

Hilfsmittel und Übungen:

Auswertung der Woche:

Mentale Führung

Endziel:

Etappenziele:

Hilfsmittel und Übungen:

Auswertung der Woche:

Darstellerische Freiheit

Endziel:

Etappenziele:

Hilfsmittel und Übungen:

Auswertung der Woche:

Bevor du anfängst, mache jeweils drei Kopien dieser Seiten, damit du sie nach der zweiten, dritten und vierten Woche aktualisieren und neu auswerten kannst.

Setze dir Ziele für jedes der T-I-M-E-Elemente.

Arie 2 Titel:
_____

Stimmtechnik

Endziel:

Etappenziele:

Hilfsmittel und Übungen:

Auswertung der Woche:

Wahrnehmung innerer Vorgänge

Endziel:

Etappenziele:

Hilfsmittel und Übungen:

Auswertung der Woche:

Mentale Führung

Endziel:

Etappenziele:

Hilfsmittel und Übungen:

Auswertung der Woche:

Darstellerische Freiheit

Endziel:

Etappenziele:

Hilfsmittel und Übungen:

Auswertung der Woche:

Bevor du anfängst, mache jeweils drei Kopien dieser Seiten, damit du sie nach der zweiten, dritten und vierten Woche aktualisieren und neu auswerten kannst.

Setze dir Ziele für jedes der T-I-M-E-Elemente.

Arie 3 Titel:

Stimmtechnik

Endziel:

Etappenziele:

Hilfsmittel und Übungen:

Auswertung der Woche:

Wahrnehmung innerer Vorgänge

Endziel:

Etappenziele:

Hilfsmittel und Übungen:

Auswertung der Woche:

Erfolgreich vorsingen!

Mentale Führung

Endziel:

Etappenziele:

Hilfsmittel und Übungen:

Auswertung der Woche:

Darstellerische Freiheit

Endziel:

Etappenziele:

Hilfsmittel und Übungen:

Auswertung der Woche:

Erfolgreich vorsingen! 137

Bevor du anfängst, mache jeweils drei Kopien dieser Seiten, damit du sie nach der zweiten, dritten und vierten Woche aktualisieren und neu auswerten kannst.

Setze dir Ziele für jedes der T-I-M-E-Elemente.

Arie 4 Titel:
_____

Stimmtechnik

Endziel:

Etappenziele:

Hilfsmittel und Übungen:

Auswertung der Woche:

Wahrnehmung innerer Vorgänge

Endziel:

Etappenziele:

Hilfsmittel und Übungen:

Auswertung der Woche:

Mentale Führung:

Endziel:

Etappenziele:

Hilfsmittel und Übungen:

Auswertung der Woche:

Darstellerische Freiheit:

Endziel:

Etappenziele:

Hilfsmittel und Übungen:

Auswertung der Woche:

AB 11: „Arien-Stichworte"

Arie 1 Titel:

Schreibe sechs Stichworte oder kurze Sätze in jeder Kategorie auf. Umkreise oder unterstreiche dann drei von den Begriffen, in denen am meisten das mitschwingt, was du vermitteln oder ausführen möchtest.

Stichworte für Stimmtechnik
-
-
-
-

Stichworte für Wahrnehmung innerer Vorgänge
-
-
-
-

Stichworte für Mentale Führung
-
-
-
-

Stichworte für Darstellerische Freiheit
-
-
-
-

Zum Schluss wähle aus jeder Kategorie ein Stichwort, das die Essenz deines Endzieles in dieser Kategorie ausdrückt. Das sind dann deine endgültigen Stichworte für diese Arie.

Stimmtechnik
-
-
-
-

Wahrnehmung innerer Vorgänge
-
-
-
-

Mentale Führung
-
-
-
-

Darstellerische Freiheit
-
-
-
-

Arie 2 Titel:

Schreibe sechs Stichworte oder kurze Sätze in jeder Kategorie auf. Umkreise oder unterstreiche dann drei von den Begriffen, in denen am meisten das mitschwingt, was du vermitteln oder ausführen möchtest.

Stichworte für Stimmtechnik
-
-
-
-
-

Stichworte für Wahrnehmung innerer Vorgänge
-
-
-
-

Stichworte für Mentale Führung
-
-
-
-
-

Stichworte für Darstellerische Freiheit
-
-
-
-
-

Zum Schluss wähle aus jeder Kategorie ein Stichwort, das die Essenz deines Endzieles in dieser Kategorie ausdrückt. Das sind dann deine endgültigen Stichworte für diese Arie.

Stimmtechnik
-
-
-
-

Wahrnehmung innerer Vorgänge
-
-
-
-

Mentale Führung
-
-
-
-

Darstellerische Freiheit
-
-
-
-

Arie 3 Titel:
_____

Schreibe sechs Stichworte oder kurze Sätze in jeder Kategorie auf. Umkreise oder unterstreiche dann drei von den Begriffen, in denen am meisten das mitschwingt, was du vermitteln oder ausführen möchtest.

Stichworte für Stimmtechnik
-
-
-
-
-

Stichworte für Wahrnehmung innerer Vorgänge
-
-
-
-
-

Stichworte für Mentale Führung
-
-
-
-
-

Stichworte für Darstellerische Freiheit
-
-
-
-

Zum Schluss wähle aus jeder Kategorie ein Stichwort, das die Essenz deines Endzieles in dieser Kategorie ausdrückt. Das sind dann deine endgültigen Stichworte für diese Arie.

Stimmtechnik
-
-
-
-

Wahrnehmung innerer Vorgänge
-
-
-
-

Mentale Führung
-
-
-
-

Darstellerische Freiheit
-
-
-
-

Arie 4 Titel:

Schreibe sechs Stichworte oder kurze Sätze in jeder Kategorie auf. Umkreise oder unterstreiche dann drei von den Begriffen, in denen am meisten das mitschwingt, was du vermitteln oder ausführen möchtest.

Stichworte für Stimmtechnik
-
-
-
-
-

Stichworte für Wahrnehmung innerer Vorgänge
-
-
-
-
-

Stichworte für Mentale Führung
-
-
-
-
-

Stichworte für Darstellerische Freiheit
-
-
-
-
-

Zum Schluss wähle aus jeder Kategorie ein Stichwort, das die Essenz deines Endzieles in dieser Kategorie ausdrückt. Das sind dann deine endgültigen Stichworte für diese Arie.

Stimmtechnik
-
-
-
-

Wahrnehmung innerer Vorgänge
-
-
-
-
-

Mentale Führung
-
-
-
-
-

Darstellerische Freiheit
-
-
-
-

AB 12: „Erschaffen einer Auftrittsumgebung und Analyse der Bühnenfigur"

Uta Hagen beschreibt diese Übung in ihrem Buch *Respect For Acting*, 1973. Die unten beschriebene Version wurde für Sänger adaptiert.

Wähle fünf Minuten aus einem Tag deines Lebens (heute, gestern, diese Woche) und beantworte dazu folgende Fragen:

Wer bin ich? (Vorname und Name, Geburtsort, besondere Merkmale, Familienstand, Bildungsniveau, sozialer Status, körperliche Verfassung, wie du dich pflegst, Stil, Charaktereigenschaften)

Wann bin ich? (Jahrhundert, Jahr, Jahreszeit, Tag, Minute)

Wo bin ich? (Land, Stadt, Bezirk, Haus, Zimmer, Teil des Zimmers, Größe des Raumes, Türen oder Fenster, draußen, Umfeld, Wetter, Temperatur)

Wie fühlt sich meine Umgebung an? (Beschreibe die Atmosphäre: Warm? Kühl? Stickig? Trocken? Beschreibe die Lichtverhältnisse. Beschreibe die Gerüche, Hintergrundgeräusche, Sicht, was du siehst.)

Was habe ich an? (Beschaffenheit und Farbe der Kleidung, Passform, wie sie sich auf meiner Haut anfühlt, wie ich mich darin bewege oder sitze, während ich sie anhabe)

Was umgibt mich? (Bewegte und unbewegte Objekte, bin ich alleine oder ist jemand anders in meiner Umgebung?)

Wie fühle ich mich in meiner Umgebung? (Wie ist mein körperlicher und emotionaler Zustand?)

Wie sind die genauen Umstände? (vergangene, gegenwärtige und zukünftige Ereignisse, welche meine jetzigen Umstände beeinflussen)

Welche Beziehungen habe ich? (zu Ereignissen, anderen Personen und Dingen)

Was will ich? (wichtigste und unmittelbare Ziele)

Was steht mir im Weg? (Hindernisse)

Was tue ich, um mein Ziel zu erreichen? (Die Aktion: körperlich, verbal)

Übung 2:

Beantworte dieselben Fragen über **deine Bühnenfigur**, kurz bevor sie die Arie singt.

Wer bin ich? (Vorname und Name, Geburtsort, besondere Merkmale, Familienstand, Bildungsniveau, sozialer Status, körperliche Verfassung, wie du dich pflegst, Stil, Charaktereigenschaften)

Wann bin ich? (Jahrhundert, Jahr, Jahreszeit, Tag, Minute)

Wo bin ich? (Land, Stadt, Bezirk, Haus, Zimmer, Teil des Zimmers, Größe des Raumes, Türen oder Fenster, draußen, Umfeld, Wetter, Temperatur)

Wie fühlt sich meine Umgebung an? (Beschreibe die Atmosphäre: Warm? Kühl? Stickig? Trocken? Beschreibe die Lichtverhältnisse. Beschreibe die Gerüche, Hintergrundgeräusche, Sicht, was du siehst)

Was habe ich an? (Beschaffenheit und Farbe der Kleidung, Passform, wie sie sich auf meiner Haut anfühlt, wie ich mich darin bewege oder sitze, während ich sie anhabe)

Was umgibt mich? (Bewegte und unbewegte Objekte, bin ich alleine oder ist jemand anders in meiner Umgebung?)

Wie fühle ich mich in meiner Umgebung? (Wie ist mein körperlicher und emotionaler Zustand?)

Wie sind die genauen Umstände? (vergangene, gegenwärtige und zukünftige Ereignisse, welche die Umstände beeinflussen)

Welche Beziehungen habe ich? (zu Ereignissen, anderen Personen und Dingen)

Was will ich? (wichtigste und unmittelbare Ziele der Bühnenfigur)

Was ist mir im Weg? (Hindernisse)

Was tue ich, um mein Ziel zu erreichen? (Die Aktion: körperlich, verbal)

AB 13: „Schlüsselbegriffe für die Auftrittsumgebung"

Du hast jetzt ein Gefühl für die Umstände, unmittelbar bevor du die Arie singst. Dieses Gefühl, in dem alle Informationen aus der vorangegangenen Übung enthalten sind, wird die Wahl deines stimmlichen und auch körperlichen Ausdrucks beeinflussen, wenn du anfängst zu singen. Versuche jetzt Stichworte oder kurze Sätze zu finden, welche die Essenz der Situation einfangen, in der deine Bühnenfigur sich befindet. Diese Worte sollten dich während des Singens sofort in den körperlichen und emotionalen Zustand deiner gewählten Bühnenfigur hineinkatapultieren.

Arie 1: _____

1. 2.

3. 4.

Arie 2: _____

1.   2.

3.   4.

Arie 3: _____

1.   2.

3.   4.

Arie 4: _____

1.   2.

3.   4.

AB 14: „Auswertung des ersten Probe-Vorsingens"

Beschreibe deine Beobachtungen und Eindrücke deiner Darstellung, **bevor** du dir die Aufnahme angehört hast. Erinnere dich, wie du dich gefühlt hast, während du die Arien gesungen hast und beschreibe, wie du deine Leistung während des Singens wahrgenommen hast. Was lief gut? Was lief nicht so gut? Beschreibe körperliche Spannungen, die du beim Singen gespürt hast, deine Konzentrationsfähigkeit, deine Fähigkeit, dich von Fehlern schnell wieder zu erholen und sie loszulassen, negative Gedanken oder Gefühle, die auftauchten. Schreibe auf, wie erfolgreich du unsere **T-I-M-E-** Elemente schon umsetzen konntest, an denen du diese Woche gearbeitet hast.

Allgemeine Eindrücke deiner Darstellung:

Arie 1 Titel:

Technik

Wahrnehmung innerer Vorgänge

Mentale Führung

Darstellerische Freiheit

Arie 2 Titel:
_____

Technik

Wahrnehmung innerer Vorgänge

Mentale Führung

Darstellerische Freiheit

Arie 3 Titel:

Technik

Wahrnehmung innerer Vorgänge

Mentale Führung

Darstellerische Freiheit

Arie 4 Titel:
_____

Technik

Wahrnehmung innerer Vorgänge

Mentale Führung

Darstellerische Freiheit

AB 15: „Tabelle Einstellungen und Emotionen*"
* entnommen und bearbeitet aus
Singing, Acting, and Movement in Opera, Mark Cross

Abgehetzt	Abgestumpft	Alarmiert
Amüsiert	Anfällig	Anmaßend
Anmutig	Ängstlich	Ärgerlich
Arrogant	Aufgebracht	Aufmunternd
Aufrichtig	Ausgelassen	Außer sich
Bedrückt	Begeistert	Bekümmert
Benommen	Berechnend	Bescheiden
Besorgt	Bestimmt	Betäubt
Beunruhigt	Bitter	Boshaft
Demütig	Deprimiert	Desorientiert
Drohend	Düster	Edel
Ehrerbietig	Ehrfurchtsvoll	Energisch
Ernsthaft	Entgegenkommend	Entmutigt
Entschieden	Entschuldigend	Entsetzt
Entspannt	Entzückt	Ergeben
Ernsthaft	Erschöpft	Erstarrt
Fahl	Fassungslos	Feierlich
Fein	Flirtend	Formell
Formlos	Frech	Freudig
Frohlockend	Frotzelnd	Fröhlich
Gebildet	Gebrochen	Gedankenvoll
Gedemütigt	Gehässig	Gequält
Gereizt	Gleichgültig	Glücklich
Gönnerhaft	Gutmütig	Gütig
Haltlos	Hastig	Hänselnd
Heiter	Herablassend	Herausfordernd
Hilflos	Hingerissen	Hochnäsig
Hoffnungsvoll	Hoffnungslos	Höflich
In Gedanken versunken	Introvertiert	Impulsiv
Irre	Keck	Kess
Königlich	Kraftlos	Krampfhaft
Kummervoll	Kühn	Lässig
Lebhaft	Leichenblass	Leichtfertig

Lethargisch	Liederlich	Linkisch
Locker	Majestätisch	Matt
Mild	Mitfühlend	Mutlos
Müde	Mürrisch	Nachsichtig
Naiv	Nervös	Niedergeschlagen
Offen	Pathetisch	Peinlich
Perplex	Rasend	Rein
Resigniert	Ruhig	Sanft
Sarkastisch	Schamlos	Scherzhaft
Schlaff	Schlecht	Schmerzlich
Schmollend	Schüchtern	Schwach
Schwächlich	Sinnlich	Spielerisch
Sprachlos	Sprudelnd	Steif
Stolz	Stur	Tatkräftig
Teilnahmslos	Tobend	Tollkühn
Traurig	Trotzig	Überheblich
Übereilt	Übertrieben	Umgänglich
Unbeholfen	Unbesonnen	Undurchdringlich
Unerträglich	Untertreibend	Ungeduldig
Ungeschlacht	Ungesittet	Ungezogen
Uninteressiert	Unschlüssig	Unschuldig
Unstet	Unterwürfig	Unverantwortlich
Unzüchtig	Verächtlich	Verbissen
Verbittert	Verdrossen	Versöhnlich
Verzweifelt	Vornehm	Vorschnell
Vorsichtig	vom Donner gerührt	Wild
Wohlerzogen	Wohlmeinend	Wütend
Zart	Zärtlich	Zeremoniell
Zornig	Zögernd	Zuvorkommend

Du hast selbstverständlich die Möglichkeit eigene Adjektive von Einstellungen und Emotionen dazuzufügen.

AB 16: „Einstellungen und Emotionen"

Merke: Benutze für diese Übung verschiedenfarbige Stifte, für jede Arie eine andere Farbe.

Benutze die Tabelle Einstellungen und Emotionen und finde die wichtigsten Emotionen heraus, welche deine Bühnenfigur in der ersten Arie bewegen, und markiere sie auf der Tabelle, indem du sie einkringelst. Dann liste sie unten in der Reihenfolge ihrer Wichtigkeit auf. Wenn du in der Tabelle nicht fündig wirst, benutze einfach deine eigenen Worte.

Der Gefühlszustand und die Einstellung deiner Bühnenfigur:

ARIE 1:
_____

1._____

2._____

3._____

4._____

5._____

Beschreibe im Detail bestimmte Situationen, in denen du dasselbe oder etwas Vergleichbares gefühlt hast. Was genau hat die Emotion ausgelöst? Wenn du diesen auslösenden Moment beschreibst, spürst du dasselbe Gefühl? Kannst du dieses Gefühl wieder wachrufen? Beschreibe, wie sich dieses Gefühl körperlich niederschlägt. Löst es eine bestimmte körperliche Reaktion aus? Spannung? Beschleunigten Puls? Tränen? Eine heftige Veränderung deines Atemrhythmus'? Stell dir vor, du würdest dich von außen beobachten. Wie siehst du in diesem Moment aus? Wie zeigen sich die Emotionen auf deinem Gesicht? Wie ist deine Körperhaltung? Führe diese Übung mit jeder der verbleibenden Arien durch.

Benutze die Tabelle Einstellungen und Emotionen und finde die wichtigsten Emotionen heraus, welche deine Bühnenfigur in der ersten Arie bewegen und markiere sie auf der Tabelle, indem du sie einkringelst. Dann liste sie unten in der Reihenfolge ihrer Wichtigkeit auf. Wenn du in der Tabelle nicht fündig wirst, benutze einfach deine eigenen Worte.

Der Gefühlszustand und die Einstellung deiner Bühnenfigur:

ARIE 2: _____

1._____

2._____

3._____

4._____

5._____

Erfolgreich vorsingen!

Beschreibe im Detail bestimmte Situationen, in denen du dasselbe oder etwas Vergleichbares gefühlt hast. Was genau hat die Emotion ausgelöst? Wenn du diesen auslösenden Moment beschreibst, spürst du dasselbe Gefühl? Kannst du dieses Gefühl wieder wachrufen? Beschreibe, wie sich dieses Gefühl körperlich niederschlägt. Löst es eine bestimmte körperliche Reaktion aus? Spannung? Beschleunigten Puls? Tränen? Eine heftige Veränderung deines Atemrhythmus'? Stell dir vor, du würdest dich von außen beobachten. Wie siehst du in diesem Moment aus? Wie zeigen sich diese Emotionen auf deinem Gesicht? Wie ist deine Körperhaltung?

Merke: Benutze für diese Übung verschiedenfarbige Stifte, für jede Arie eine andere Farbe.

Benutze die Tabelle Einstellungen und Emotionen und finde die wichtigsten Emotionen heraus, welche deine Bühnenfigur in der ersten Arie bewegen und markiere sie auf der Tabelle, indem du sie einkringelst. Dann liste sie unten in der Reihenfolge ihrer Wichtigkeit auf. Wenn du in der Tabelle nicht fündig wirst, benutze einfach deine eigenen Worte.

Der Gefühlszustand und die Einstellung deiner Bühnenfigur:

ARIE 3: _____

1._____

2._____

3._____

4._____

5._____

Beschreibe im Detail bestimmte Situationen, in denen du dasselbe oder etwas Vergleichbares gefühlt hast. Was genau hat die Emotion ausgelöst? Wenn du diesen auslösenden Moment beschreibst, spürst du dasselbe Gefühl? Kannst du dieses Gefühl wieder wachrufen? Beschreibe, wie sich dieses Gefühl körper-lich niederschlägt. Löst es eine bestimmte körperliche Reaktion aus? Spannung? Beschleunigten Puls? Tränen? Eine heftige Veränderung deines Atemrhythmus'? Stell dir vor, du würdest dich von außen beobachten. Wie siehst du in diesem Moment aus? Wie zeigen sich diese Emotionen auf deinem Gesicht? Wie ist deine Körperhaltung?

Benutze die Tabelle Einstellungen und Emotionen und finde die wichtigsten Emotionen heraus, welche deine Bühnenfigur in der ersten Arie bewegen und markiere sie auf der Tabelle, indem du sie einkringelst. Dann liste sie unten in der Reihenfolge ihrer Wichtigkeit auf. Wenn du in der Tabelle nicht fündig wirst, benutze einfach deine eigenen Worte.

Der Gefühlszustand und die Einstellung deiner Bühnenfigur:

ARIE 4: _____

1. _____

2. _____

3. _____

4. _____

5. _____

Beschreibe im Detail bestimmte Situationen, in denen du dasselbe oder etwas Vergleichbares gefühlt hast. Was genau hat die Emotion ausgelöst? Wenn du diesen auslösenden Moment beschreibst, spürst du dasselbe Gefühl? Kannst du dieses Gefühl wieder wachrufen? Beschreibe, wie sich dieses Gefühl körperlich niederschlägt. Löst es eine bestimmte körperliche Reaktion aus? Spannung? Beschleunigten Puls? Tränen? Eine heftige Veränderung deines Atemrhythmus'? Stell dir vor, du würdest dich von außen beobachten. Wie siehst du in diesem Moment aus? Wie zeigen sich diese Emotionen auf deinem Gesicht? Wie ist deine Körperhaltung?

AB 17: „Training des Körpergedächtnisses"

Versuche nun, anhand der Antworten aus der vorherigen Übung, in denen du die Gefühle deiner Bühnenfigur beschrieben hast, die Sinnenseindrücke der Figur zu klären:

Tastsinn
Geruchssinn
Geschmackssinn
Hören
Sehen

1. Benenne alle Sinneseindrücke, die deine Bühnenfigur unmittelbar vor, während und direkt nach der Arie hat.
2. Erinnere dich an deine eigenen Erfahrungen der Gefühle, die du oben beschrieben hast. Beschreibe deine Empfindungen ganz genau. Wie hat sich dein Körper angefühlt, als das Gefühl aufkam, während du es durchlebt hast und als es dabei war, abzuklingen?

Zum Beispiel: Es ist bitter kalt, du bist ungeschützt: Die Nase fühlt sich kribbelig an und fängt an zu laufen. Die Ohren sind eiskalt, die Hände zu Fäusten geballt, und du hast die Arme um dich geschlungen, um dich vor der Kälte zu schützen. Deine Stirn ist sehr kalt, die Füße fühlen sich wie zwei Eisklötze an. Du hast den Kopf zwischen die Schultern gezogen...

Versuche dich zu erinnern, was dein Gefühl ausgelöst hat. War es der kalte Wind, der in dein Gesicht bläst? War es dein Blick auf die Schnee bedeckten Berge, wo du spazieren gegangen bist? War es der Geruch der kalten feuchten Luft?

Finde heraus, was der Auslöser dieser Empfindung war, dann wirst du in der Lage sein, dieses Gefühl sofort und realistisch aufzurufen.

Übertrage die Sinneswahrnehmungen oder Auslöser dieser Wahrnehmungen in die Situation, in der du dich während der Arie befindest. Steige ganz in diese Gefühle ein und dein Publikum wird sie mit dir erleben!

Bühnenfigur

Meine persönlichen Beispiele

Bühnenfigur

Meine persönlichen Beispiele

Bühnenfigur

Meine persönlichen Beispiele

Bühnenfigur

Meine persönlichen Beispiele

AB 18: „Affirmationen zu den Arien"

Kreiere für jede deiner Vorsingarien fünf positive Aussagen, die auf den Punkt bringen, was du besonders gut kannst und machst und schreibe sie in der Gegenwartsform auf.

Arie:_____

    1. _____

    2. _____

    3. _____

    4. _____

    5. _____

Arie:_____

    1. _____

    2. _____

    3. _____

    4. _____

    5. _____

Forts. AB 18: „Affirmationen zu den Arien"

Arie:_____

   1. _____

   2. _____

   3. _____

   4. _____

   5. _____

Arie:_____

   1. _____

   2. _____

   3. _____

   4. _____

   5. _____

AB 19: „Auswertung des zweiten Probe-Vorsingens"

Beschreibe deine Beobachtungen und Eindrücke deiner Darstellung, **bevor** du dir die Aufnahme angehört hast. Erinnere dich, wie du dich gefühlt hast, während du die Arien gesungen hast und beschreibe, wie du deine Leistung während des Singens wahrgenommen hast. Was lief gut? Was lief nicht so gut? Beschreibe körperliche Spannungen, die du beim Singen gespürt hast, deine Konzentrationsfähigkeit, deine Fähigkeit, dich von Fehlern schnell wieder zu erholen und sie loszulassen, negative Gedanken oder Gefühle, die auftauchten. Schreibe auf, wie erfolgreich du die T-I-M-E- Elemente schon umsetzen konntest, an denen du diese Woche gearbeitet hast.

Allgemeine Eindrücke deiner Darstellung:

Arie 1 Titel: _____

Arie 2 Titel: _____

Arie 3 Titel: _____

Arie 4 Titel: _____

AB 20: „Adrenalinspiegel"

Schreibe auf, wie gut du deine Aufregung im Griff hattest und deine Arien optimal darstellen konntest. Bewerte auf einer Skala von 1 (nicht erfolgreich) bis 10 (sehr erfolgreich), wie gut du das gemeistert hast.

Arie 1: _____

1   2   3   4   5   6   7   8   9   10

Kommentare/Bemerkungen:

Arie 2: _____

1   2   3   4   5   6   7   8   9   10

Kommentare/Bemerkungen:

Arie 3: _____

1   2   3   4   5   6   7   8   9   10

Kommentare/Bemerkungen:

Arie 4: _____

1   2   3   4   5   6   7   8   9   10

Kommentare/Bemerkungen:

AB 21: „Geplante Störungen"

Erstelle eine Liste von Ablenkungen oder Störungen, die du während des Übens an dir ausprobieren wirst:

1. _____
2. _____
3. _____
4. _____
5. _____

Schreibe jetzt auf, welche Reaktionen auf die verschiedenen Ablenkungen du bei dir beobachtet hast, und beschreibe alle Strategien, von denen du glaubst, sie könnten dir helfen, die Auswirkungen der Ablenkungen auf deine Darstellung zu reduzieren:

AB 22: „Erschaffe dir einen geschützten Raum"

Dein eigener geschützter Raum ist eine wunderbare Schutzvorrichtung, die dich vor Störungen oder Ablenkungen von außen beschützt und abschirmt. Finde ein Bild, dass dir in Momenten größter Gefahr Schutz bietet. Es gibt viele Möglichkeiten, wie das aussehen und was das sein kann: ein Kreis aus Feuer, eine Blase, die eine von dir gewünschte Form annimmt, ein Zaubertrick, der es dir ermöglicht, dich über die Situation zu heben oder unsichtbar zu werden, ein Heer von Engeln, die dich bewachen. Experimentiere mit verschiedenen Bildern, die dir einfallen.

Beschreibe oder zeichne alle Schutzvorrichtungen, die dir einfallen.

AB 23: „Die Magische Schachtel"

Bearbeitet aus *Power Performance For Singers*, Alma Thomas und Shirley Emmons 1998

Sitze ruhig mit geschlossenen Augen auf einem Stuhl und konzentriere dich.
Stell dir dich selber vor, wie du an einem Schreibtisch an einem Fenster sitzt.
Schaue aus dem Fenster und nimm wahr, was du siehst oder hörst.
Vor dir auf dem Schreibtisch liegt ein leeres Blatt Papier, ein Stift und eine Schachtel.
Nimm den Stift in die Hand und schreibe auf, was dich ablenkt und wie sich das für dich anfühlt. Wenn du möchtest, kannst du die Störung oder deine momentane Stimmung auch aufzeichnen.
Falte das Blatt Papier zusammen.
Betrachte die Schachtel auf deinem Schreibtisch. Nimm die Farbe, die Form und die Größe der Schachtel wahr. Aus welchem Material ist sie? Öffne den Deckel und lege das zusammengefaltete Blatt Papier hinein und versprich dir, dass du dich später um die Sache kümmern wirst.
Übe nun weiter, mit dem Gefühl, frei von der Störung zu sein.
Komme nach dem Üben auch wirklich auf das Problem zurück, gehe in deinen vorgestellten Raum, an den Schreibtisch und zu der Schachtel. Öffne sie und stelle dich der Störung von vorhin. Nimm dir dabei die Zeit, die du brauchst. Betrachte das Ganze nun aus einer gewissen Distanz. Was kannst du tun, um dieses Problem zu überwinden?
Oft löst sich das Problem von selber, wenn du dir erlaubst, dich nicht darauf zu konzentrieren, sondern mit deiner Arbeit weiterzumachen.

AB 24: „Schreibe das Drehbuch zu deinem idealen Auftritt"

Dies ist eine Visualisierungsübung, die dir hilft, deinen idealen Auftritt so genau zu beschreiben, als ob du ein Drehbuch schreiben würdest, in dem du die Aktionen einer gewählten Bühnenfigur oder deines Lieblingssängers schilderst. Sieh vor deinem inneren Auge, wie du die Rolle deiner Figur spielst, die du im Drehbuch beschrieben hast. In dem Drehbuch deines idealen Auftritts beschreibe detailliert den großen Tag: wie du im Theater ankommst, wer dich am Bühneneingang oder hinter der Bühne begrüßt, beschreibe, wie du die Bühne betrittst, wie du beginnst, wie du dich fühlst, während du anfängst zu singen, wie deine Stimme klingt und wie du beim Singen aussiehst. Beschreibe sowohl die Reaktionen deiner Zuhörer als auch die deiner Sängerkollegen.

Danach schreibe eine Traumkritik über deinen Auftritt, wie du sie gerne am nächsten Tag in der Zeitung lesen würdest.

AB 25: „Auswertung des dritten Probe-Vorsingens"

Beschreibe deine Beobachtungen und Eindrücke deiner Darstellung, **bevor** du dir die Aufnahme angehört hast. Erinnere dich, wie du dich gefühlt hast, während du die Arien gesungen hast und beschreibe, wie du deine Leistung während des Singens wahrgenommen hast. Was lief gut? Was lief nicht so gut? Beschreibe körperliche Spannungen, die du beim Singen wahrgenommen hast, deine Konzentrationsfähigkeit, deine Fähigkeit, dich von Fehlern schnell wieder zu erholen und sie loszulassen, negative Gedanken oder Gefühle, die auftauchten. Schreibe auf, wie erfolgreich du die T-I-M-E- Elemente schon umsetzen konntest, an denen du diese Woche gearbeitet hast.

Allgemeine Eindrücke deiner Darstellung:

Arie 1 Titel:
_____

Technik

Wahrnehmung innerer Vorgänge

Mentale Führung

Darstellerische Freiheit

Arie 2 Titel:

Technik
Wahrnehmung innerer Vorgänge
Mentale Führung
Darstellerische Freiheit

Arie 3 Titel:
_____

Technik

Wahrnehmung innerer Vorgänge

Mentale Führung

Darstellerische Freiheit

Arie 4 Titel:
_____

Technik

Wahrnehmung innerer Vorgänge

Mentale Führung

Darstellerische Freiheit

AB 26: „Meine Absichtserklärung für das Vorsingen"

Zentriere dich, formuliere das Ziel, dein Vorsingen erfolgreich zu absolvieren und schreibe es auf.

AB 27: „Notizen zur Tagesroutine"

Tag 7

Frühstück
Zeit:

Aufgenommene Nahrung:

Mittagessen
Zeit:

Aufgenommene Nahrung:

Abendessen
Zeit:

Aufgenommene Nahrung:

Zwischenmahlzeiten:

Schlafpensum (in Stunden, inklusive Nickerchen)

Bemerkungen:

Tag 6

Frühstück
Zeit:

Aufgenommene Nahrung:

Mittagessen
Zeit:

Aufgenommene Nahrung:

Abendessen
Zeit:

Aufgenommene Nahrung:

Zwischenmahlzeiten:

Schlafpensum (in Stunden, inklusive Nickerchen)

Bemerkungen:

Tag 5

Frühstück
Zeit:

Aufgenommene Nahrung:

Mittagessen
Zeit:

Aufgenommene Nahrung:

Abendessen
Zeit:

Aufgenommene Nahrung:

Zwischenmahlzeiten:

Schlafpensum (in Stunden, inklusive Nickerchen)

Bemerkungen:

Tag 4

Frühstück
Zeit:

Aufgenommene Nahrung:

Mittagessen
Zeit:

Aufgenommene Nahrung:

Abendessen
Zeit:

Aufgenommene Nahrung:

Zwischenmahlzeiten:

Schlafpensum (in Stunden, inklusive Nickerchen)

Bemerkungen:

Tag 3

Frühstück
Zeit:

Aufgenommene Nahrung:

Mittagessen
Zeit:

Aufgenommene Nahrung:

Abendessen
Zeit:

Aufgenommene Nahrung:

Zwischenmahlzeiten:

Schlafpensum (in Stunden, inklusive Nickerchen)

Bemerkungen:

Tag 2

Frühstück
Zeit:

Aufgenommene Nahrung:

Mittagessen
Zeit:

Aufgenommene Nahrung:

Abendessen
Zeit:

Aufgenommene Nahrung:

Zwischenmahlzeiten:

Schlafpensum (in Stunden, inklusive Nickerchen)

Bemerkungen:

AB 28: „Was brauche ich für das Vorsingen?"

Erstelle eine Liste aller Dinge, die du für das Vorsingen brauchen wirst, wie z. B. deine
Kleidung für das Vorsingen, Kopien der Arien
für den Pianisten, deinen Notfallplan usw.

Schreibe auf, was du zum Vorsingen mitnehmen musst, wie z.B. eine Wasserflasche, eine Ersatzstrumpfhose bzw. Ersatzsocken, etwas zum Essen, deine Noten, Affirmationen und Stichwörter, deinen Notfallplan usw.

AB 29: „Notfallplan für unvorhergesehene Ereignisse"

Bereite dich schon im Voraus auf alle Krisen vor, die eintreten könnten. Was sind z.B. deine Notfall-Einsingübungen, deine positiven Affirmationen, Stichwörter, deine den Adrenalinspiegel senkenden Übungen, Strategien für Ablenkungen und Störungen usw. Erinnere dich: um eine Schlacht zu gewinnen, brauchst du einen guten PLAN!

AB 30: „Kleiner Kleidungsknigge für Vorsingen"

Ein Vorsingen ist eine Situation, in der man sich als Sänger präsentiert, wie es in anderen Berufen bei einem Bewerbungsgespräch üblich ist. Das Erste, was du von dir zeigst, noch bevor du einen Ton gesungen hast, ist deine Erscheinung. Das scheint offensichtlich und klar, aber ich war schon oft entsetzt darüber, wie unpassend gekleidet Sänger zu Vorsingen erschienen sind. Auch wenn ich bedenke, dass man mit diesem Thema in Europa entspannter umgeht als in Amerika, empfehle ich doch eine konservativere oder allgemeingültigere Herangehensweise.

Eine gute Frage, die du dir zur Auswahl deiner Garderobe stellen kannst, ist: „Wenn ich mir überlege, für welche Rollen ich vorsinge, unterstreicht dann die Kleidung, die ich anhabe, meine Erscheinung positiv oder lenkt sie von mir und meinem Singen ab?"

HERREN

- Achte darauf, dass deine Kleidung gut sitzt.
- Trage ein sportliches Jackett (Anzug und Krawatte ist möglich, aber nicht zwingend) mit entweder einem Anzughemd oder einem Pullover oder Rollkragenpullover in gedeckter Farbe.
- Achte darauf, dass deine Kleidung gepflegt ist (sauber und gebügelt).
- Trage elegantes Schuhwerk.

- Deine Schuhe sollten geputzt und poliert sein.
- Trage Farben, die zusammenpassen oder sich gut ergänzen.
- Dein Haar sollte gewaschen und gepflegt sein.
- Achte auf einen gepflegten Bart oder Schnurrbart.
- Achte darauf, dass du gut gepflegt bist (geduscht, ein Deodorant benutzt, deine Fingernägel gepflegt hast usw.).
- Trage ein gebügeltes Stofftaschentuch bei dir, wenn du dazu neigst, zu schwitzen.
- Trage keine auffällig bedruckten Stoffe.
- Trage keine T-Shirts (auch keine Designer T-Shirts).
- Ziehe keine Jeans an (auch keine Designer Jeans).
- Zieh keine wie auch immer gearteten Sportschuhe an (keine dicken oder weichen Gummisohlen. Bitte!).

DAMEN

- Trage einen Rock oder ein Kleid, außer du singst speziell für eine Hosenrolle vor. Wenn du das Gefühl hast, unbedingt eine Hose anhaben zu müssen, dann zieh einen einfarbigen Hosenanzug in gedeckten Tönen an.
- Dein Rock oder Kleid sollte nicht zu kurz sein, bis zu den Knien reichen oder höchstens etwas höher (keinen Minirock bitte).
- Trage gedeckte Farben oder bestenfalls unauffällige Muster (zum Beispiel eine Bordüre auf Pullover oder Bluse).
- Achte darauf, dass deine Kleidung gut sitzt (nicht zu eng, vor allem bei Übergewicht nicht zuviel Haut oder „Röllchen" zeigen).
- Trage Unterwäsche, die sich nicht abzeichnet.
- Trage Farben, die deinem Teint schmeicheln.
- Trage Figur schmeichelnde Schnitte und Stoffe (wenn du übergewichtig bist, vermeide eng anliegende Gewebe wie Jersey oder Lycra und bedruckte Kleider).
- Trage vorne geschlossene Schuhe (keine Sandalen. Bitte!).
- Trage Absatzschuhe, selbst wenn der Absatz niedrig ist (flache Schuhe zu einem Rock oder Kleid sehen auf der Bühne unvorteilhaft aus).
- Achte darauf, dass deine Schuhe und Kleider sorgfältig gepflegt sind (poliert und gebügelt).

- Trage Make-up, aber nicht zu viel (die Bühnenbeleuchtung lässt deine Gesichtszüge undeutlich werden und Make-up kann deinen Teint glätten).

- Lass dich von einem Visagisten beraten (viele Kaufhäuser haben Spezialisten, die dich beraten können) und auch von einem Friseur über den besten Haarschnitt für deine Gesichtsform beraten.

- Achte darauf, dass deine Haare gepflegt sind (gewaschen und gestylt).

- Trage keinen Pony (ein Pony wirft im Bühnenlicht einen Schatten auf dein Gesicht und zieht so die Aufmerksamkeit von deinen Augen ab!)

- Trage kein Abendkleid, Flitterkram und keine Pailletten.
- Trage nicht zu viel Schmuck.

- Vermeide auffällig bedruckte Stoffe (außer beispielsweise ein Akzent auf einem Schal).

- Zieh keine trägerlosen oder ärmellosen Kleider oder Tops an.

- Trage keine Jeans oder T-Shirts.

AB 31: „Einschätzung des erreichten Niveaus"

Liste alle Schritte und Verbesserungen auf, die du gemacht hast, um dein Endziel für jede der Arien zu erreichen. Schätze auf einer Skala von 1 bis 10 (1 bedeutet: 10% des Ziels, und 10 bedeutet: 100%) ein, wie konstant du auf deinem Zielniveau, also auf deinem Aufführungsniveau gesungen hast.

Arie 1:

Zuverlässigkeit des Aufführungsniveaus

1   2   3   4   5   6   7   8   9   10

Arie 2:

Zuverlässigkeit des Aufführungsniveaus

1   2   3   4   5   6   7   8   9   10

Arie 3:

Zuverlässigkeit des Aufführungsniveaus

1　2　3　4　5　6　7　8　9　10

Arie 4:

Zuverlässigkeit des Aufführungsniveaus

1　2　3　4　5　6　7　8　9　10

AB 32: „Endgültige Affirmationen"

Erstelle, ausgehend vom Anhören deiner Aufnahmen, von den Rückmeldungen, die du bekommen hast, und deinen eigenen Beobachtungen, eine abschließende Liste von Auftritts-Affirmationen, die sich auf deine Vorsingarien beziehen. Nimm in deine Aussagen auch die Ziele, die du erreicht hast und die Fortschritte, die du gemacht hast, mit auf. Erinnere dich daran, deine positiven Affirmationen in der Gegenwartsform aufzuschreiben.

1. _____
2. _____
3. _____
4. _____
5. _____
6. _____
7. _____
8. _____
9. _____
10. _____

AB 33: „Endgültige Stichworte für die Arien"

Wähle dir, ausgehend von der Arbeit der letzten Wochen, für jede Arie ein Stichwort oder kurzen Satz, das oder der dich in den musikalischen, emotionalen und körperlichen Zustand deiner Bühnenfigur versetzt. Es sollte ein Wort oder ein Satz sein, der dich sofort in diesen Zustand hinein katapultiert.

Arie _____

Stichwort:

Arie

_____

Stichwort:

Arie _____

Stichwort:

Arie

_____

Stichwort:

AB 34: „Auswertung des Vorsingens"

Beschreibe deinen allgemeinen Eindruck der Erfahrung als Ganzes. Warst du insgesamt zufrieden mit deinem Auftreten? Hast du genau so gut gesungen und die Arien so präsentiert wie in den Probe-Vorsingen? Konntest du die Konzentration halten, deine Auftrittsumgebung erschaffen und dein Adrenalin positiv nutzen? Hast du dich daran erinnert, warum du singst? Warst du in der Lage, das gezielt zu vermitteln? Erinnere dich an jeden, wenn auch noch so kleinen Erfolg, selbst wenn du dieses Niveau nicht durchgängig halten konntest.

Schreibe in den unteren zwei Spalten auf, was gut und was nicht so gut lief. Wenn du kannst, schreibe auch auf, was dir helfen könnte, die Aspekte zu verbessern, die nicht so gut liefen, wie du es dir gewünscht hättest. Nachdem du alles aufgeschrieben hast, streiche oder schneide all die negativen Erfahrungen, die du gemacht hast, aus und wirf sie weg. Bewahre die positiven Bemerkungen auf, damit du sie vor deinem nächsten Vorsingen durchlesen kannst. Aus irgendwelchen Gründen neigen wir dazu, das Positive zu vergessen, aber wir haben keine Schwierigkeiten, uns an alles Negative zu erinnern!

Positives	Negatives

Über die Autorin

Die amerikanische Sopranistin Janet Williams wurde nicht nur für ihre Opernrollen unter anderem an der Metropolitan Opera, Berliner Staatsoper, Pariser Oper, Opera de Lyon, Oper Nizza, Oper Genf, Oper Frankfurt, Oper Köln, Oper Leipzig, Théatre Royal de la Monnaie, San Francisco Opera, Washington Opera, Dallas Opera und Michigan Opera Theatre von der Kritik gefeiert; sondern auch für ihre Konzerte in Europa, Nordamerika, Kanada, Israel und Japan unter anderem mit Dirigenten wie Vladimir Ashkenazy, Daniel Barenboim, René Jacobs, Sir Neville Marriner, Zubin Mehta, Kent Nagano, Donald Runnicles und Michael Tilson Thomas.

Von ihr liegen u.a. CD-Einspielungen von Händels *Messias* mit Nicholas McGegan und dem Philharmonia Baroque Orchestra, Brahms *Ein deutsches Requiem* mit Daniel Barenboim und dem Chicago Symphony Orchestra sowie Grauns *Cleopatra e Cesare* mit René Jacobs und dem Concerto Köln vor.

Ihr Repertoire im Fach des Lyrischen-Koloratursopran reicht vom Barock bis zur Moderne. Sie hat mit den bedeutendsten Sängern und Gesangspädagogen unserer Zeit zusammengearbeitet, so u.a. mit Professorin Camilla Williams, Kammersängerin Reri Grist, Kammersängerin Helen Donath, Kammersängerin Brigitte Eisenfeld, Marilyn Horne, Regine Crespin, Mirella Freni und dem Gesangspädagogen David L. Jones. Janet Williams hat einen Master of Music in Vocal Performance der Indiana University und leitet Meisterklassen, Workshops und Seminare in Europa und den Vereinigten Staaten von Amerika im Rahmen des von ihr entworfenen ***Performance Enhancement by Design***. Sie lebt mit ihrem Ehemann, dem Regisseur und Bühnenbildner Fred Berndt, in Berlin.